Effekt av uppoffring

av Gabriel Agbo

Översatt av:

Eva BM Nyblom

Gabriel Agbo

Tryckt och utgiven i USA av Createspace.

<u>Innehåll</u>

<u>Kapitel</u>

<u>Hängivenhet</u>

Jag tillägnar detta arbete **Yonatan 'Yoni' Netanyahu**, den unga israeliska befälhavaren av kommandoenheten som räddade judarna som hölls i gisslan på Entebbe flygplats i Uganda den 4 Juli 1976. Även före detta, har du undergått flera deltaganden i olika konflikter för att skydda och bevara Israel. Du valde att kämpa och dö för ditt folk, ge avkall på all personlig och familjär komfort som var tillgänglig från födseln. Denna stora jude kom i form av David, Simson och Jehoshaphat. Du riskerade allt, gav allt till ditt land - Guds utvalda nation. Gud välsigne din själ "Yoni" vår hjälte!

Jag tillägnar den till min syster **Lillian Chichi Duru** (född Agbo). Du levde ett liv av uppoffring. Dina arbeten talar fortfarande efter dig. Du var vän med alla, alltid redo att hjälpa de fattiga och förtryckta. Du tog varje tillfälle att släppa loss ditt hjärta av godhet och kärlek, precis som dina föräldrar. Ja, den rinner i vårt blod. Tack för att du är ett sådant ljus. Kommande generationer kommer att få läsa om dig i alla de större språken i världen. Verkligen, män och kvinnor som offrar dör inte. Även när de böjer sig, deras handlingar omtalas i generationer. Gud välsigne dig Chichi!

Gabriel Agbo

<u>Gillar oss på</u>: Lillian Chichi Foundation/facebook.com

Inledning

Uppoffringar är kraftfulla. Mycket kraftfulla! Den rikaste mannen, den starkaste mannen, de mest välsignade män och kvinnor, den klokaste, största konungen, de mest kraftfulla profeterna var alla män och kvinnor av uppoffring. De gav allt, riskerade allt för deras folk, mänskligheten och Gud för att uppnå sina mål och prestationer som även evigheten kommer att vara stolt över. Vill du veta om deras hemligheter? Bra. Om du vill bli bra, måste du först bli en man/kvinna av uppoffring. Allt är möjligt för dem som kan betala. Du hittar dessa mycket avslöjande kapitel - offra, offra din enda, jag kommer att passera genom Egypten, jag kommer att få betala priset, Följ mig! Vi kom för dig, jag skall bevara dig, tillaga den sista måltiden, kraft att rädda, lovorda, bön och fasta.

Vi har inte bara diskuterat de stora uppoffringar av stora män och kvinnor i bibeln och hur deras handlingar gjorde dem bra, men även människor som Yonatan " Yoni" Netanyahu Israel; den unga israel som ledde kommandotrupp för att rädda judiska gisslan som hölls på Entebbe flygplats efter deras plan var kapat och omdirigerat till Uganda 1976. Vi tittade också på några av våra militära hjältar, särskilt de specialstyrkor – som SEAL,

Delta Force. Dessa män ger sitt bästa, i ständig risk att förlora allt, inklusive sina liv för att försvara sitt folk och mänskligheten. De offrar sina liv för att skydda andra. Vi hälsar dem!

De lär oss hur man ska offra sig. Jesus sade att vad kan vara större uppoffring än en man som offrar sitt liv för sina vänner? Vi prisar deras mod och extrem patriotism. Här kommer vi att lära om uppoffringar av tro, kärlek, patriotism, bön, fasta och lovord. När du går bortom det vanliga i något av ovanstående, kan du omedelbart av gudomliga, osedda, övernaturliga krafter vilka kommer att svara, rusande mot dig. Denna bok är ett måste att läsa.

Gabriel Agbo

www.authorsden.com/pastorgabrielnagbo

Kapitel 1

Effekt av uppoffring

"Där framför Tabernacle, Salomon drog upp till brons altare i HERRENS närvaro och offrade ett tusen brännoffer. Om natten uppenbarade sig Gud för Salomon i en dröm och sade: "Vad vill du? Fråga, och jag kommer att ge det till dig!"

2 Krönikeboken 1:6–7

Uppoffringar! Mycket kraftfulla!! Visste du det? Eller vad annars kan få den allsmäktige att rusa ner och be en man att motta en begäran från honom? Föreställ Gud att ge människan en sådan blank check? Vad om Salomon hade bett Gud att ge honom hela jorden eller ens dela himlen i att två och ge honom ena halvan eller något liknande? Vad skulle ha hänt? Naturligtvis Gud skulle vara skyldig, eftersom han inte kan ta tillbaka hans ord. Men här har han litat på Salomon. Han kände till den unge konungens hjärta och hans obegränsade kärlek till Israel. Denna incident inträffade strax efter Salomon övertog kungadömet i Israel, det första han gjorde var att kalla alla människor - massorna, religiösa, politiska och traditionella ledare till Gibeon, där Guds Tabernacle stod. Där, gick han upp till altaret och överdådigt offrade, slaktade tusen djur för Israels Gud. Och samma natt lämnade Gud personligen sin tron, kom ner till Salomon och bad honom att begära någonting och han skulle ge det till honom.

Wow! Så kan man faktiskt göra Gud "obekväm" på hans tron. Uppoffringen var så kraftfull att den stimulerade ett omedelbart gudomligt svar. Och ännu inte nöjd med det, Salomon chockade ytterligare, han drog i Guds ben när han vägrade att be honom om välstånd, rikedom, skydd eller ens döden av hans fiender. Han frågade bara om vishet och nåd att leda folket. Han ville alltid göra det rätta och hjälpa dem. Föreställ dig denna dubbla uppoffring! Ett kluster! Vilken typ av människa var denna Salomon? Det var inte nog med att han utfört en extra uppoffring som gjorde Gud rastlös, nu kommer han också att ignorera alla välsignelser och välstånd, att be för kunskap och visdom? Och när Gud inte kunde stå ut längre, blev han också otålig att släppa en "kluster", en välsignelse till Salomon. Uppoffring kan ögonblickligt, för evigt förändra ditt liv. Och en komplett, komplex lojalitet eller uppoffring kommer alltid att utlösa en komplex eruption av välsignelser. Sant. Lyssna på vad Gud utgöt över honom.

"Då sade Gud till Salomon: "Eftersom din största önskan är att hjälpa ditt folk, och du inte ber om personlig rikedom och ära eller död på fiender eller ens lång livslängd, utan istället ber du om vishet och förstånd att korrekt styra mitt folk, <u>jag kommer självklart att ge dig vishet och kunskap som du begärt. Och jag kommer också att ge dig rikedom och välstånd och ära, så som ingen annan konung någonsin har haft innan dig eller någonsin kommer att ha igen!</u>"

2 Krönikeboken 1:11-12

Min Gud! En gudomlig överraskning! Salomon förhandlade inte för detta. Vad han ville var bara att visa sin kärlek till Gud och hans folk, men se den allsmäktige besvärade honom med alla godsaker. Offer lockar inte bara vishet och kunskap, men gudomlighet, obegränsad rikedom, välstånd och ära. Om du vill ha heder och framgång, bara leva för Gud och för andra. Gud så mycket välsignade denna människa, kungar och drottningar från hela världen, från andra kontinenter bad om att höra hans visdom och gå in i allianser och företag med honom. Det var en supermystisk gudomlig multiplikation av välgång under Salomons regering i Israel. Han blev en internationell köpman med en flotta av fartyg på öppet hav som utförde byteshandel för honom. Det var så mycket att ingen kunde hålla tillräckliga uppgifter. Faktum är att bibeln säger att under hans regeringstid blev guld och silver lika vanliga som stenar på gatan. Wow! Kan du slå det? Se den här:

"Under Salomos regering, silver och guld var lika rikligt i Jerusalem som stenar. Och värdefulla cederträn var så vanligt som mullbärsfikonträd, träd som växer vid foten av Juda."

2 krönika 1:15

Jesus! Extraordinär rikedom! Han orsakade det. Han är Gud genom dessa uppoffringar och försakelser, och himmelen kunde inte hålla tillbaka igen. Det här är typen som skriften kallar det dolda mannat i sanden och de rikliga rikedomar i havet - som inte kan uttömmas. Gud har allt, hela universum och när han beslutar att avlasta dem någonstans eller till någon kan inget hålla honom tillbaka. Sant. Rikedomen var utom kontroll. Kungar, nationer, tävlade, sprang för att vörda och ge gåvor till konung Salomon. Du kommer ihåg drottningen av Saba som rest hela vägen från Afrika för att komma och höra Salomons ord, och också för att se storheten i hans rike? Hon ensam kom med en karavan av kameler lastade med kryddor, enorma mängder guld och dyrbara juveler. Och roligt nog var att det gav henne mer när hon var på väg tillbaka från Salomon än vad hon förde till honom. I själva verket lekte de med rikedom, silver och guld under Salomons regering. Kan Gud vända nationernas rikedom i dina händer i Jesu namn! De flesta möbler och föremål i konungens palats och tempel var antingen helt byggt eller överdragen med guld. Jag tror att det är bättre att avsluta denna del om skrifterna och gå vidare, för att vi inte kan säga allt om välsignelserna av Salomon i detta arbete. Detta är vad offring kan göra. Kolla här:

"Varje år mottog Salomon cirka 25 ton guld. Detta inkluderade inte ytterligare inkomster han fick från köpmän och näringsidkare. Arabiens alla konungar och ståthållare i landet förde guld och silver till Salomon. Konung Salomon lät göra två hundra stora sköldar av uthamrat guld, där vardera innehöll över 15 kilo guld. Han har också gjort likaledes tre hundra mindre sköldar av uthamrat guld där vardera innehöll ca 71/2 kilo guld. Konungen placerade dessa sköldar i skogspalatset i Libanon.

Konungen gjorde en enorm elfenbenstron och överdrog den med rent guld. Tronen hade sex trappsteg, och det fanns en pall av guld, fastsatt till den. På båda sidor om sitsen fanns det armstöd, med figurer av ett lejon stående på varje sida av tronen. Salomon gjorde tolv andra lejon figurer, en stående på varje ände av de sex stegen. Inga andra troner i världen kan jämföras med det!

Alla konung Salomons dryckeskoppar var av solitt guld, liksom alla köksredskap i skogspalatset i Libanon. De var

inte gjorda av silver, eftersom silver ansågs vara av föga värde under Salomons tid! Konungen hade en flotta av handelsfartyg, bemannade med seglare som skickas av Hiram. Vart tredje år kom fartygen tillbaka, fyllda med guld, silver, elfenben, apor och påfåglar.

Konung Salomon blev rikare och klokare än någon annan konung på jorden. Kungar från alla folk kom för att besöka honom och höra den vishet Gud hade givit honom. År efter år, alla som kom för att besöka honom skänker i silver och guld, kläder, vapen, välluktande kryddor, hästar och mulåsnor."

2 Krönikeboken 9:13 - 24

Det finns kraft i offret. Bara ett offer kan öppna denna typ av dörr! Uppoffringar är kraftfulla. Ingen annan makt eller åtgärd kan ta en människa till dessa höjder. Sant.

Och vad är offret?

Offer definieras när något värdefullt erbjuds till en Gud, att något av stort värde för ett speciellt ändamål eller till att nytta någon annanstans, och även personligen, medvetet förneka dig njutningar, komfort, rättigheter och privilegier för att uppnå ett syfte eller mål. Om vi skulle börja från första, det är ett faktum att människor inte har någon gemenskap med sprit eller andevärlden utan uppoffringar. Och dessa kommer i form av altaren, gudstjänst, engagemang, hängivenhet, erbjudanden etc. Om det är dyrkan av Gud, skaparen av universum eller dyrkan av Satan och hans mottagande av demoner, det är ingen skillnad. Du måste vara redo och villig att leva ett liv av uppoffringar för att upprätthålla förbindelser med dem. Offer ger dig tillgång till andevärlden. Den ger dig tillgång till det övernaturliga. Den ger dig andliga privilegier. Den tar dig bortom det naturliga. Du kan effektivt betjäna eller relatera till Gud utan att leva ett liv av uppoffringar.

Nu, från början, Gud hör till människan genom uppoffringar. Efter att människan givits frihet att äta frukt i trädgården av Eden, gick han vidare till att varna honom att inte röra eller äta frukt från kunskapens träd på gott och ont. Ja, frukten såg bra och läcker ut men Gud sade till honom: "Rör den inte!" Det förväntades vara en markering med invignings, självförnekelse, uppoffringar, men man misslyckas fullständigt här. Titta på Kain och Abel var det offer de båda utfört till Gud som gav deras problem. Abel och hans offer accepterades medan Kains avslogs. Nu, Abraham, när Gud har beslutat att sluta ett förbund med Abraham, bekräftas hans löften om beskydd, generationsrelaterade välsignelser, etc. också som en uppoffring. Vi återkommer till allt senare.

Det första offret

Nu, den tidigaste uppoffringen du vill hitta i skrifterna i Gen 3:21

"Och HERREN gjorde kläder från djurens hudar till Adam och hans hustru."

Säker, djuret offrades innan huden togs bort för att täcka dem. En annan är i Gen: 4:3-6

"Vid skördetiden gav Kain HERREN en gåva av hans gårdsprodukter, medan Abel tillförde flera tillvalda lamm från sin bästa av hjord. Accepterade Herren Abel och hans offer. Detta gjorde Kain mycket arg och nedslagen. "Varför är du så arg?" frågade Herren honom "Varför ser du så nedslagen ut? Du kommer att accepteras om du svarar på rätt sätt."

Noa och regnbågen

"Då Noa byggde ett altare åt HERREN och offrade djur och fåglar som hade godkänts för detta ändamål. <u>Och</u>

HERREN var nöjd med uppoffring och sade till sig själv: "Jag kommer aldrig igen att förbanna jorden, förstöra alla levande ting, även om människors tankar och handlingar är böjda mot ondska från barndomen. Så länge jorden består, kommer våren och skörd, köld och värme, sommar som vinter, dag och natt.

Gud välsignade Noa och hans söner och sade till dem, multiplicera och uppfyll jorden. Alla vilda djur, stora som små, och alla fåglar och fiskar kommer att vara rädda för dig. Jag har lagt dem i din makt. Jag har gett dem till dig för maten, precis som jag har givit eder säd och grönsaker. Men nu måste du ha många barn och befolka jorden. Ja, multiplicera och uppfyll jorden.

Och Gud sade till Noa och hans söner, "jag gör ett förbund med dig och dina avkomlingar och med djur som du tog med dig och alla dessa fåglar och djur och vilda djur. Jag högtidligt lovar aldrig att skicka en ny översvämning för att döda allt levande skapelse och fördärva jorden." Och Gud sade: "Jag ger dig ett tecken som bevis på mitt eviga förbund med dig och alla levande varelser. Jag har förlagt

min regnbåge i molnen! Det är ett tecken på mitt permanenta löfte till dig och till hela jorden. När jag skickar moln över jorden, kommer regnbågen att ses i moln, och jag kommer att ihåg mitt förbund med dig och med allt som lever. Det kommer aldrig att finnas en översvämning som kommer att förstöra allt liv. När jag ser regnbågen i moln, kommer jag ihåg det eviga förbund som har blivit slutet mellan Gud och alla levande varelser på jorden. Då sade Gud till Noa: "Ja, detta är ett tecken på mitt förbund med alla varelser på jorden."

Genesis 8:20-22, 9:1-17

Min Gud! Visste du att? Det finns ingenting som du inte kan uppnå med offret. Ingenting är omöjligt med en människa av uppoffring. Gud kunde inte hålla tillbaka igen efter att Noa utförde denna uppoffring enligt gudomlig specifikation. Noa, hans familj och djuren har just genomgått en stor översvämning som torkat bort alla andra varelser från jordens yta, och det första han gjorde var att bygga ett altare och offrade åt HERREN. Och inte bara vilken som helst uppoffring utan de godkända specifikationerna. Och detta gläder gud och retade honom för att starta en "hänsynslös" version av välsignelser, löften och överenskommelser till Noa, hans familj och alla jordens yttre välsignelser.

Gå tillbaka, man kunde ha väntat till att Noa vilade lite från alla de problem som följde med syndafloden först. Före översvämningen var det moralisk dekadens och global apati mot Guds människor av det släktet. Det var så illa att de fallna änglarna (demoniska varelser) var gifta med människor, och konstiga män - jättarna. Och detta var den viktigaste faktorn som fick Gud ta beslut att torka bort allt. Se här:

"När människor började växa snabbt på jorden, <u>sågo Guds söner vackra kvinnor av den mänskliga rasen och tog något de ville till deras hustrur.</u> Därefter sade HERREN, "Min själ inte kommer att ställa upp med människor under en lång tid, för de är bara dödligt kött. I framtiden kommer de att leva längre än 120 år". I dessa dagar, och även efteråt, levde jättarna på jorden, när <u>Guds söner hade samlag med mänskliga kvinnor,</u> födde de barn som blev hjältar och som nämns i legendens gamla." Första Moseboken 6:1-7

Gud var så arg över detta att han verkligen ångrade att han skapat människan, och omedelbart tog det smärtsamma beslutet att helt utplåna den mänskliga rasen. Då kom floden med sina egna utmaningar - förberedelser, byggandet av arken, hån, samla in och ta hand om dessa djur - krypkörning, hoppning, galopperande och promenader, fåglar etc. Det var verkligen en stor uppgift och jag tror att det bara är Guds nåd som skulle hjälpa någon att uppnå sådant. Nu, detta följdes av osäkerheter och risker av flytande och slängande över jorden som täcktes av vatten som steg till 22 meter över de högsta topparna på berg. Wow! De översvämningar som torkat bort allt levande från jorden - bara Noa, hans familj och djuren i arken skonades.

Noa var inte alltför säker på hur det kommer att börja och sluta. Han visste inte hur det skulle hända men han litade på Gud att hålla honom vilket han gjorde. Föreställ dig hur han kände när Guds ord kom till pass. Trots den var återgången av översvämning inte lätt. Det kom också i olika faser. Allt detta skulle kunna skaka om den mest kraftfulla mannen. Sant. Så

Noa hade rätt att omedelbart bygga ett altare för uppoffringar som han var på väg ut ur under denna fruktansvärda resa.

Guds reaktion

Som med alla framgångsrika offer, reagerade Gud omedelbart. Han började gå in i överenskommelser med Noa och hela jorden. Titta på hans första uttalande, "Jag kommer aldrig igen att förbanna jorden." Prisa Gud! Uppoffringar anstiftar löften och överenskommelser. Och båda kan försvaga eller helt upphäva förbannelser. Nu, förbannelser är krafter (Ibland okontrollerbara) som talar mot främjandet av en individ, familj, grupper eller en plats. Jag rekommenderar att du läser effekter och lösningar till förbannelser i min kraftfulla bok *bryta miljövärderingar förbannelse: Hävda din frihet*. Den finns på amazon.com och alla andra bokhandlare" webbplatser. Gud sade till Noa att han aldrig mer kommer att förbanna jorden eftersom Noa gjort rätt uppoffringar i rätt tid.

Förbund

Gud slöt ett förbund med Noa efter offret att han aldrig kommer att förstöra jorden igen med översvämning. Detta klosters löfte är evigt och kom med ett tecken - en regnbåge. Det var första gången en regnbåge på himlen. Gud sade när regnbågen visas, skulle han komma ihåg detta kloster. Dina offer, ditt liv av uppoffring kommer att utlösa det gudomliga kloster, löften, välsignelser som för evigt kommer att gynna inte bara dig utan hela mänskligheten. Noahs fick skaparen att svära för sig själv, att den här typen av olycka, förstörelse kommer aldrig hända igen.

Gud var inte klar, han välsignade Noa. Hällde smörjelseolja som förstärkning på honom och gav honom makt att styra. Allt detta kom från bara en uppoffring. Förbannelser avlägsnades, makt och välstånd. Detta är hur kraftfull en uppoffring kan vara.

Abraham

Abraham var en uppoffring. Gud förde honom ut och bestämde sig för att göra honom stor och använda honom för att upprätta ett folk för sig själv. Men det kan inte ske utan en serie uppoffringar som inletts och som ibland förseglade de gudomliga löftena. Titta på vad som hände i Genesis 15 när Gud var för att försegla hans förbund som lovade att ge Abraham ett barn och efterkomma. Lyssna:

"Och HERREN sade till honom: "Ge mig en treårig kviga, en treårig honget, en treårig bagge, en turturduva, och en ung duva." Abraham tog alla dessa och dödade dem. Han skar varje på mitten och lade halvorna sida vid sida. Han delade dock inte upp fåglarna i hälften. Några gamar kom ner för att äta kadaver, men Abraham jagade bort dem. Den kvällen, när solen gick ned, föll Abram i djup sömn. Han såg en skrämmande vision av mörker och fasa.

"Herren sade till Abram, kan du vara säker på att dina efterkommande kommer att bli främlingar i ett främmande land, och att de kommer att vara förtryckta som slavar i fyra hundra år. Men jag skall hemsöka folk som förslavade dem, och de kommer undan med stora rikedomar. (Men du kommer att dö i fred, vid en mogen ålder). <u>Efter fyra generationer kommer dina ättlingar att återvända hit till</u>

<u>detta land,</u> när synden av amoréerna har försvunnit. När solen gick ner och det blir mörkt såg Abraham en brännkopp och en brinnande fackla passera mellan halvorna av kadaver.

<u>Så gav HERREN ett förbund med Abraham och sade, "jag har gett detta land till dina ättlingar, hela vägen från gränsen till Egypten till den stora floden Eufrat - delstaten kainéernas, kenaséernas, kadmonéernas, hetiternas, perisséernas, Henizzites, Kadmonéernas, hetiternas, perisséernas, Rephaites, amoréerna, kananéerna, girgaséernas och jebuséernas land"</u>

Genesis 15: 9-21

Genom denna uppoffring var all Abrahams fruktan borta. Han vill ha barn, oräkneliga ättlingar. Han skulle dö i fred vid en bra mogen ålder. Och nu skulle hans ättlingar besitta landet där han stod - ett bördigt land som flyter av mjölk och honung! Men detta är inte det enda vi såg här. Den enkla offringen öppnade också den gudomliga hemligheten av vad som skulle hända hundratals år framöver. Abrahams ättlingar skulle gå in i slaveri i Egypten, leva i lidande över fyra hundra år, men med stark hand och stor rikedom skulle Gud den Allsmäktige föra dem ut och etablera dem i det förlovade landet. Ja, han kan se och styra utgången från början!

Det är bara en offer-stimulerande uppenbarelse som kan avslöja dessa gudomliga hemligheter och planer. Ingenting är dolt av en man som offrar. Om du säljs ut till Gud, om du bor en offer liv, allt avslöjas eftersom Gud kan lita på dig. Gud vet att du är osjälvisk, fokuserad på hans vilja och att nytta för andra.

Efter en tid, kom Gud åter att påminna Abraham om samma löfte med en större uppoffring. Han ändrade Abrahams och Sarahs namn för att passa förbunds löfte. Han utvecklades genom att berätta att många nationer, kungar kommer ut från dem. Det var ett par som hade inga barn ännu och i skymningen av deras liv. Och förbundet kommer att servas av manlig omskärelse. Som vi sade uppoffringar stimulera konventioner. De drar av gud till dig. Om du vill ha överenskommelse med den Allsmäktige, bli då en offrande man/kvinna

Mycket sparat genom uppoffringar

Titta på vad som har hänt nära Oak Grove som tillhörde Mamre. Abrahams agerande (offret) räddade hans systerson - Parti. Det fastställde födelsen av Isak. Abraham omedvetet matade Gud med en mycket delikat måltid som ändrade honom till att påskynda befruktningen av hans son. Och detta mirakel blev möjligt även när hans hustrus livmoder redan var död.

"...En dag omkring kl. 12.00, satt Abraham vid ingången till sitt tält, han märkte plötsligt tre män stående i närheten. Han stod upp och gick för att möta dem välkomna dem genom att buga lågt till marken. Min herre, sade han, om det behagar dig, stanna här ett tag. Vila i skuggan av trädet medan min tjänare kommer med lite vatten för att tvätta dina fötter. Låt mig laga lite mat för att fräscha upp er, vänligen stanna ett tag innan du fortsätter din resa.

"Ok", sade de. "Vad du har sagt." Så <u>Abraham skyndade tillbaka till tältet och sade till Sarah, snabbt! Skaffa tre mått av ditt bästa mjöl och baka bröd. Och Abraham skyndade</u>

<u>**åstad till hjorden och valde en gödd kalv och sade till en tjänare att skynda att slakta det. När maten var klar, tog han lite ostmassa och mjölk och rostat kött, och han serverade det till männen. När de hade ätit, väntade Abraham på dem där under träden."**</u>

Första Moseboken_18:1-8

Wow! Det är uppoffringar framför alla andra. Du kan läsa det igen. En gammal människa att springer upp och ner för att närvara med främlingar? Han sprang, han förhastade, väntade etc. vid den åldern? Med alla dessa, förklara för mig varför gud inte välsigna denne man över alla. Han är ju kvalificerad att vara fadern av tro. Han levde ett liv i tro, ett liv av uppoffringar till fullo. Föreställ dig hur han medverkade till främlingar - som han aldrig träffat innan. Han visste inte ens att han handlade direkt med Gud själv. Han hade bråttom att göra väl, att tillgodose, att hjälpa andra, och detta är vad hela detta arbete handlar om. Ett liv av uppoffringar! Abraham gick ut ur hans sätt att bjuda in dessa män till sin skugga till resten. Han erbjöd dem vatten och från vatten till mat, och från mat till vila. Nu ska vi titta på hur den gamla mannen sprang tillbaka till sitt tält för att gå och be sin hustru att förbereda maten för främlingar. Han drev också till hjorden för att välja den bästa, fetaste kalven. Se på hans ord till både Sarah och tjänare "snabbt, skynda dig, även som männen åt, väntade han personligen på dem (att göra fler tjänster). Wow! Wow!! Wow!!! Uppoffringar! Försakelse! Kan vi hitta en annan Abraham i denna generation? Är det möjligt?

Kanske det är därför denna typ av bok är nödvändig. I Abraham såg jag en man som är redo att misshaga, ge sig själv obehag för att behaga andra. Jag såg en man som är redo (även vid ålderdom) att göra sitt bästa för att se till att andra är bekväma och väl omhändertagna. Och lyckligtvis, omedvetet, gjorde han detta till Herren, som hade uppenbarat sig i en mänsklig form. Varje akt av uppoffring är först till Gud. Ja du kan ge till människor, men Gud tar emot, godkänner och registrerar det först. Och det var därför Jesus sade att om du hjälper eller ger en kopp med dryck till de små, till män i nöd, då gör du det för honom.

När du hjälper andra, när du deltar till andras fysiska, andliga, materiella, känslomässiga behov, gör du det till Gud den

Allsmäktige. Och dina handlingar kommer definitivt gnistra av gudomlig reaktion som du kanske inte kan förutsäga resultaten på. När Abraham skötte dessa män, han visste inte att han var att stimulera en gudomlig frigörelse som kom att förändra hans liv, ändra hans familj, hans historia och öde. Han drog avtryckaren som kom att rädda liv, drog hans kusin ur smältugnens oåterkalleliga gudomliga dom. Hans barmhärtighet sparade mycket. Det här är styrkan med uppoffringar.

Nu kan du gå tillbaka och se reaktionen av gud efter att förundrande måltid med bröd och rostade nötkött, mjölk, ost etc. (och artighet). Främlingarna var glada, fyllda och nöjda. Sant. De frågade honom omedelbart om hans hustru. Min Gud! "Var är kvinnan som utarbetat denna mat som erbjudits oss genom denna underbara människa?" Jag kan höra dem säga. Du fick det? Allt var bra. Så resultatet måste också vara fantastiskt. Ja lyssna till dem:

"Var är Sarah, din hustru?" frågade de honom. "I tältet" svarade Abraham. Sedan sade en av dem, "vid den här tiden nästa år kommer jag tillbaka och din hustru Sarah skall föda dig en son...'och männen stodo upp från sin måltid och

började gå mot Sodom. Abraham gick med dem en bit av vägen. "Ska jag dölja min plan från Abraham?" Herren bad. "Abraham kommer att bli ett stort och mäktigt folk, och alla släkter på jorden skola varda välsignade genom honom. Jag har valt ut honom så att han kommer direkt hans söner och deras familjer att hålla HERRENS väg och göra vad som är rätt och riktigt. Då skall jag göra med honom som jag har lovat".

Och HERREN sade till Abraham: "Jag har hört att folket i Sodom och Gomorra är extremt ont, och att allt de gör är ogudaktiga. Jag kommer ner och ser huruvida eller inte dessa rapporter är sanna. Jag vet". De två andra männen på Sodom, men HERREN var med Abraham för en stund. Abraham frågade honom och sade: "Du förstör både oskyldiga och skyldiga likadana?"

Första Moseboken 18:9-10, 16-23

Efter måltid (uppoffringar) utformningen av sonen var omedelbar. Det var överhängande tidsstyrd - "vid denna tidpunkt nästa år". Och HERREN visade den gudomliga hemligheten av "Operation förstör Sodom" till Abraham. Titta på det sätt han uttryckte det: "Hur kan jag dölja mina planer för Abraham?" Det betyder att uppoffringar kan ge dig tillgång till gudomliga hemligheter, syfte och planer. Om Abraham inte deltog med dem såsom han gjorde, jag tror inte att HERREN skulle ha behandlat honom med sådan respekt att låta honom i hans förestående planer förstöra Sodom och Gomorra. Sant. Tacka Gud Abraham beslagtog den sällsynta gesten att dra sitt folk ut ur problem. Han försökte inledningsvis att dra hela Sodom, men lyckades inte eftersom staden var hemskt i fördärv och var inte kvalificerad för gudomlig nåd - högsta nivån av omoral, ondska och ateistiskt. Men han sparade mycket genom uppoffringar av förböner. Vi kommer snart till det i kommande kapitel. Observera att liv av uppoffring kommer att ge timing och förestående till dina ambitioner och tillåter dig även till gudomliga hemligheter. Gud delar med sig av sina hemligheter med dem som älskar honom och att tjäna andra.

Du måste tjäna andra, din familj, relationer och även främlingar. Med främlingar, menar jag de som inte kommer från din närmaste familj. Jag minns som en tonåring på 80-talet när jag regelbundet brukade mata min speciella vän som heter *Nya*. Denna pojke på ca 8 år var mentalt utmanad från födseln, och var alltid mycket smutsig, med mörka tänder. Men jag hade särskilt intresse av honom, älskade honom. Detta gjorde att han alltid besökte mig. Jag skulle förbereda hans måltider, tjäna honom och ibland också ge honom pengar. Jag förvarade hans tallrikar och kopp i mitt rum och väntade alltid på honom. Om jag inte var en pånyttfödd kristen, men jag var nöjd med det. Även när jag lämnade staden, närhelst jag kommer förbi, kom han för att omfamna mig och vi har fortfarande kontakt. Jag hörde just att han är gift nu. Alla vi möter i livet förtjänar vår kärlek och omsorg. Detta är vad jag tror. De flesta är i denna situation utan att det är deras eget fel. Och de behöver kärlek. De behöver desperat vår omsorg och kärlek.

Och jag har inte slutat ännu. Att hjälpa andra bör vara en del av vårt dagliga liv och budget. Det ska vara en del av livet för oss. Du bör inte vänta på att människor ber innan du hjälper. Nej! Se till behövande, titta runt du kommer att se behovet. Titta runt i kyrkan, din närmiljö, på vägen, i särskilda bostäder; de finns över allt, klädda i vackra söndagsklänningar och leende. Hjälp, lös behoven. Det är vad vi kom för. Bibeln säger att Jesus gick omkring och gjorde gott - helade de sjuka, matade hungriga, hjälpte de förtryckta, gav hopp till de hopplösa. Faktum är att han övergav vad han gjorde, korsade sjön för att gå och ge den mentalt utmanade mannen på kyrkogård i Mark kapitel fem. Du märker det direkt att han är klar, Han gick också tillbaka till båten och återvände till var de kom alltifrån? Det är Jesus som gjorde en mycket turbulent, riskfylld, nattresa bara för människans skull. Vi måste alltid gå ur vår väg för att hjälpa andra. Det är precis vad uppoffringar betyder. Din lilla hjälp kan ge en annan person hopp och en anledning att leva. Och du hjälper en person som kan rädda en familj eller ett folk.

Kapitel två

Offra din bara

En av den mest kraftfulla uppoffring som någonsin utförts av en människa är när Abraham offrade sin son Isak. Isak var hans son från hans äldre ålder. Han bad och väntade länge innan barnet kom. Isak var också den enda förbindelsen mellan Abraham och alla framtida löften och förbund som Gud gjorde till honom. Detta barn var deras hopp och även deras glädje. Fastän han kom för sent, men han påminner också Abraham och hans hustru Sarah att Gud är trogen och kommer också att utföra alla andra löften. Nu är det klart att det krävdes ett speciellt mirakel (en kreativ för den saken) för detta barn att komma, och plötsligt säger Gud till dem att offra honom. Min Gud! För vad? När Gud vill förstora dig, ser han ofta ett sätt att testa din trofasthet. Och din trofasthet (lydnad) kommer alltid att avgöra din nivå av främjande och myndigheten. Lyssna till vad Gud sade till Abraham:

"Senare då Gud testade Abrahams tro och lydnad. Abraham! Gud kallade; ja, han svarade: "Här är jag." "<u>Ta din son, din ende son - ja, Isak, som du älskar så mycket och</u>

Föreställer det? Ta din son, din ende son och gå dit där du inte vet att offra honom? Hur vågar du? Men denna man lyssnade utan motstånd eller förhör. Han var verkligen helt utsålt till Gud. Utan att berätta för pojken eller hans hustru tog Abraham nödvändigheter för resans tro. Han tog Isak, kniv, ved till elden och gav sig av för en tre dagars resa.

På vägen kände Isak att det inte var i ordning och han bad sin fader, "pappa vi har trä och kniv, men jag har inte sett något lamm eller djur för uppoffring?" Den stora mannen berättade för hans son att Gud skulle ge ett lamm. Och de rörde sig. Det kommer alltid att finnas frågor kring denna typ av uppoffring. När du vill sälja dig helt till Gud, på grund av mänskligheten, när du helt vill lyda honom, kommer frågor att dyka upp. Män kommer att ställa frågor. De kommer inte att förstå vad du gör. Ja bli inte rörd av det. De kommer inte att förstå dig och dina handlingar eftersom de inte ser eller hör vad du hör. Talade Gud till dem? Han talade bara till dig, så förvänta dig inte alla ska hoppa in i din vision med samma spänning. De kommer inte att förstå eftersom de är människor och din sak är gudomlig. Han gav den börda och vision till dig och inte dem, så gå vidare. Sarah var okunnig, Isak var förvirrad, men Abraham visste vad han gjorde.

I Moria började det ovanliga att hända. Abraham berättade för sina två tjänare att vänta bakom när han såg platsen för offring. Därefter tog han Isak och gick vidare. Prisa Gud! En man av uppoffring kommer alltid att gå en extra mil för att tillfredsställa gud. Titta på den:

"På tredje dagen av resan, Abraham såg platsen på avstånd. Stanna här med åsnan", sa Abraham till de unga männen. "<u>Pojken och jag ska resa lite längre</u>"

Första Moseboken 22:4-5

Lite längre! Stora män med stora öden vet att de alltid borde gå längre än andra, längre än vanligt. Du måste göra vad andra inte har gjort om du vill ligga steget före dem. Om du vill uppleva en särskild gudomlig beröring, en större härlighet och smörjelse, en ljusstark hedersmedalj, du måste gå längre än andra, längre än de vanliga.

Lite längre

Det var inte bara Abraham som förstod denna hemlighet. Moses och Jesus mästaren gjorde det också. Titta på Moses dagen då Gud mötte honom på Sinai, han gick till öknen för vildskötsel av hans faders flock - i lagen, Jethro, prästen i Median, men den dagen gick han lite längre och Gud uppenbarade sig för honom omedelbart. Se här

"En dag blev skötte Mose hans fars flocken - i-lagen, Jetro, prästen i Median, och <u>han gick djupt in</u> i öknen nära Sinai, på Guds berg. Plötsligt uppenbarade sig HERRENS ängel för honom som en blixtsnabb brand i en buske. Moses var förvånad eftersom busken var omsvept av eld men brann

inte upp. "Fantastiskt!" Mose sade till sig själv. "Varför är inte att busken uppbränd? Jag måste gå över för att se detta. När då HERREN såg att han hade fångat Moses uppmärksamhet, ropade Gud till honom ur busken, 'Moses! Moses!"

Exodus 3:1-4

Det var när Mose gick **djupt** in i ödemarken som han mötte gud. Män och kvinnor av uppoffring förstår denna universella / gudomliga princip. Stora ting, storhet, guld plockas inte upp från ytan. Du måste gräva djupare. Du måste gå längre och djupare om du vill gå högre. Du måste utföra en större uppoffring, eller gå en extra mil, om du vill vara ovanlig. Som Abraham, Moses gick längre. Låt oss också se på mästaren själv. Jesus var märklig eftersom han gick djupare och längre. Från början förstod han att kraften förflyttas längre. Låt oss gå vidare!

"Sedan, tillsammans med lärjungarna lämnade Jesus rum en trappa upp och gick som vanligt ut på Oljeberget. Där han sa till dem, "be att ni inte kommer att övervinnas av

frestelsen". <u>Han gick bort, ett stenkast</u>, och knäböjde och bad",

Luke 22:39-41

Så är det! Det var vid Getsemane. Han åkte till berget med sina lärjungar för att bedja och när de etablerat sig för affärer, flyttade han längre och längre bort från dem för att göra sitt. Han visste att han inte borde stanna på samma nivå som sina lärjungar om han måste leda dem. Du kan inte dra andra uppåt såvida du inte bor ovanför dem. Sant. Han kom för att rädda dem, så att han måste leva ovanför dem. Det är en gudomlig princip. En mästare eller vill bli mästare måste alltid ha detta i åtanke att det är en uppoffring; det finns ett pris att betala om du måste stiga över folkmassan. För en idrottsman att slå andra och vinna fler lagerkransar, måste han öva mer än sina konkurrenter. För en student att passera, leda andra, måste han/hon studerar mer än dem. För en minister att ha mer smörjelse än andra eller erfara mer nåd och mirakel, måste han bedja, leva heligt och studera mer än andra. Han måste gå bortom andra. Han måste hålla sig vaken medan andra sover. Det finns inget alternativ till denna princip.

En man som offrar går längre och ibland ensam. Jag tror att detta också var vad som hände vid transfigurationsfästet där Jesus hade fullständig befogenhet för arbetet. Han tog bara Petrus, Jakob och Johannes till den toppen. Nu var det andra - apostlarna lärjungarna och även publiken som alltid följde honom? Och ni vet hur just den" bergserfarenhet" förändrade de privilegierade apostlarna för alltid! Lite längre! Vi kan gå på, men låt oss snabbt återgå till sammanfattningen av Abrahams extra uppoffringar. Skall vi?

En gång vid den angivna punkten i Moria, byggde Abraham ett altare och placerade trä på det. Bibeln sade att han band Isak och lade honom på trät för offring. Men han tog omedelbart kniven för att slakta sin son.

"Vid det tillfället HERRENS ängel ropade på honom från himmelen, "Abraham! Abraham!" "Ja" svarade han "jag lyssnar' ' Skada inte pojken på något sätt för nu vet jag att du verkligen fruktar Gud. <u>Du har inte ens undanhållit din älskade son ifrån mig."</u> Då Abraham såg upp och fick se en

vädur, som hade fastnat med sina horn i en buske. Så tog han väduren och offrade den som brännoffer på altaret i stället för sin son. Abraham kallades, "HERREN ger". Detta namn har nu blivit ett ordspråk. "På herrens berg kommer det att tillhandahållas.

"Och HERRENS ängel ropade åter till Abraham från himmelen", "Detta är vad HERREN säger: Eftersom du har följt mig och <u>inte har undanhållit ens din älskade son, svär jag vid min själv att jag skall välsigna dig rikligt. Jag skall föröka dina ättlingar till otaliga miljoner människor, såsom stjärnorna på himlen och som sanden på havets strand.</u> De kommer att besegra sina fiender och genom dina ättlingar, kommer alla nationer på jorden vara välsignade - allt eftersom du har följt mig sedan de återvänt till Abrahams unga män och rest hem igen till Beersheba, där Abraham levde under ganska lång tid."

- Första Moseboken 22:11-19

Ja, Herrens ängel stoppade Abraham att slakta Isak, men i en anda där kompromisser har gjorts och godkänts. Gud dömer åtgärder från intentionerna i hjärtat och inte bara den fysiska manifestationen. I den andan offrade Abraham Isak. Han fullständigt, totalt, troget lydde Gud. Kan jag kort ta dig till Hebréerna så att ni kan förstå vad vi försöker säga här. Lyssna:

"Det var genom tro att Abraham <u>offrade Isak</u> som offer när Gud testade honom. Abraham, som fått Guds löften, var redo att offra hans enda son Isak, men Gud hade lovat honom, "Isak är sonen genom vilka dina avkomlingar skall räknas". Abraham antog att om Isak dog kunde Gud föra honom tillbaka till livet igen. <u>Och på ett sätt, fick Abraham sin son tillbaka från de döda."</u>

Hebréerna 11: 17-19

Wow! Himmelrikets hemligheter! Därför att Abraham åtlydde till slutet, har offret redan erbjudits och mottagit. Senare när Isak gick ned "från Moria var en Isak "återuppstånden". En död men uppstånden Isak. Abraham visste att Gud skulle stoppa honom från att offra pojken. Vad han hade i åtanke var att efter att offra Isak, tänkte Gud ta pojken tillbaka till livet igen. Min Gud! Vilken sorts tro är detta? Kan man fortfarande hitta någon Abraham i denna generation? Detta är vad författaren av hebreiska kämpade för att förklara här. Har du sett honom leka med ord här? Abraham hade redan erbjudit Isak hans hjärta, i anden, men stoppades i det fysiska av Gud. Läs passagen igen och du kommer att förstå detta tydligt.

Nu, tala om för mig varför produkten av detta topp erbjudande inte skulle vara en gåta för fienden. Han var okrossbar, oförstörbara, rik och mäktig. Där är att Isak, det enda hopp, besatt av Gud ber dig att ge upp för honom? Gör det idag eftersom han har kraften att återuppväcka den igen. Som vi sagt tidigare är detta en av de mest kraftfulla uppoffringar i bibeln och hela mänsklighetens historia. Vid ett lättare tillfälle, vill jag att du ska berätta för mig vad som skulle vara Sarah reaktioner (Isaks mamma) när han berättade för henne allt som hände i Moria? Jag vill höra från er.

Nu, innan vi snabbt ser resultatet av denna oerhörda uppoffring, vill jag påminna oss om att fienden - Satan kommer alltid vilja fördärva goda avsikter från Gud. Det är att fördärva vad hände här, Jepthah's "uppoffring" av hans dotter och offring av Jesus Kristus att idag ockulta offra sina barn och andra till sina demoniska gudar och andar. Men de är helt fel. Mycket fel! För det första, har vi sett att Gud inte tillät Abraham att döda sin Isak, snarare ville han bara bevisa hans fullständiga tro och lydnad. Gud begär eller accepterar inte att offra människor i någon form. För det andra, Jephthah dödade inte sin dotter men tillägnade henne åt Gud i hela sitt liv. För det tredje, Jesus Kristus personligen accepterade att fastställa sitt liv för att rädda mänskligheten från synden. Han gjorde det frivilligt. I själva verket sade han en gång att han hade makten att fastställa sitt liv och ta tillbaka den igen. Och det var vad han gjorde. Det ockulta som involveras och frodas i mänskliga uppoffringar är fel, förblindande, galet, ogudaktigt och sataniskt.

Nu, denna uppoffring var allt för kraftfull att det automatiskt, omedelbart förändrade Abrahams relation till Gud. Det första Gud visade honom var att han kan mirakulöst ge allt, var som helst, när som helst genom att mystiskt ge en vädur, ett alternativ för offret. För det andra, uppoffringen fick Gud att avlägga ed. Han svor att välsigna Abraham. Det innebär ofelbart. Offret fick också Gud att bekräfta sina tidigare löften till mannen. Den berörde också Abraham ättlingar. Det gick i generationer och globalt - alla nationer. Och slutligen, Abrahams ättlingar skulle besegra sina fiender. Wow! Bara från ett offer? När du ger gud eller mänskligheten ditt bästa och ditt sista, detta är exakt vad du utlöser - generationsrelaterade, globala välsignelser. Eviga välsignelser!

Innan vi går vidare till nästa sak, snälla, låt oss helt kort kommentera två saker som vi tror är återkommande i alla dessa möten. Den ena är altaret och den andra är att erbjuda. Vi såg dem med Noa och nu även med Abraham. De ska alltid göra ett altare närhelst de ville offra, och de är också mycket noga med valet av erbjudanden för övning.

Altaret

Ett altare är helt enkelt en plattform på vilken erbjudanden, gudstjänst, uppoffringar görs till Gud. Gud kan acceptera ett erbjudande överallt, när som helst, men i de flesta fall föredrar han en dedikerad, organiserad och helgad plattform. Han har alltid något helgat, förutom för honom. Han vill inte dela något med någon annan myndighet, särskilt de demoniska myndigheterna. Om han måste acceptera erbjudandet, måste det vara en avskild, dedikerad, nöjd plattform, eller ett tillägnat liv. Och du kan se tydligt på berget kamel - när Elia måste reparera HERRENS altare, som hade blivit skadad. Detta var nödvändigt om Gud skulle svara honom med eld. Altaret skall vara i god andlig form och efter behov. Titta på den:

"Sedan Elias kallade folket att komma över här!". Alla flockades kring honom när han satte åter <u>i stånd HERRENS altare,</u> som hade rivits. Han tog tolv stenar, en för att representera varje stam i Israel, och han använde stenarna för att återuppbygga HERRENS altare ..."

-   1 Kings 18:30-32

Du såg det? Han var mycket noga med att göra det på rätt sätt enligt det gudomliga receptet. Gud gör inte saker hur som helst. Sant. Hitta den väg han vill att det skall ske på och följ noga anvisningarna om du vill lyckas. Han har alltid program, metoder och processer, men han kan också välja att åsidosätta dessa på egen hand. Men först gör det enligt hans direktiv. Efter behov och önskan, Elias böner besvarades och då kom Guds eld ned omedelbart. Riktigt altaret kommer alltid ge prompt svar - Guds eld.

"Vid den sedvanliga tiden för att erbjuda ett aftonoffer, gick profeten Elia fram till altaret och bad, "OLORD Abrahams, Isaks och Jakobs Gud bevisa idag att du är Gud i Israel, och att jag är din tjänare. Bevisa att jag har gjort allt detta till ditt kommando. Herre, svara mig! Svara mig så dessa människor vet att du, HERRE, är som Gud och att du har fört dem tillbaka till dig själv. <u>Omedelbart Herrens eld flammade ned från himmelen</u> och brände upp den unga tjuren, träd, sten och damm. Även slickade upp allt vatten i diket!

Verserna 36-38

Ja! Eld kom genast ned! Det är ett ordentligt altare. Det drar ned kraft, eld, och svar från himmelen. Riktigt altare är mycket viktigt för våra uppoffringar. Om våra böner, offer skulle vara kraftfull, då måste våra altaren först vara korrekta, heliga och som de föreskrivs. Gud kan inte dela hans altare eller med någon annan makt. Gud skämtar inte med altaren. Noa, Abraham, Moses, profeten byggde och underhöll altaren för den allsmäktige. Altare - en plats att möta Gud. Och viktigast av allt, glöm inte att vi är för att vara mobila, levande altaren i denna dispens. Kom ihåg att Gud är nu lever i dig.

Prästen

En präst är den person som uppvisar offret eller en auktoriserad, bemyndigad person som erbjuder en uppoffring. Det finns kompetens och förväntningar på en präst. De är så många i Gamla testamentet - både ceremoniella och offer. Även prästerna har dressing koder, vad de bör och inte bör äta eller dricka osv. Den präst som kvalificerar dig för att offra slaktoffer måste hållas isär, helgat och disciplinerat. Och i dag vet vi att varje född bland kristna är nu en nya testamentet präst. Vi är nu i en ny ordning. Du är idag för att väcka de uppoffringar, gudstjänst, lovsång och bön inför Gud. Jesus har kvalificerat dig. Prisa Gud! Bibeln säger att den gamla ordningen har gått bort och vi är nu i den nya enligt prästadömet av Jesus Kristus. Vi är nya testamentets präster! Jag tror att ni kan bättre förstå vad vi vill säga om du går igenom jag Peter 2:5-

"Och nu Gud bygger du som levande stenar, till hans andliga tempel. Vad finnas mer, <u>du är Guds heliga präst, som erbjuder den andliga offer</u> som tackar honom på grund av Jesus Kristus. Enligt skrifterna uttryck".

Visste du att? Vi (kristna) är heliga präster som erbjuder andliga uppoffringar för att behaga Gud. Så är det! Detta är den punkt som vi gör här. Nu om det skall vara ett offer, måste det också finnas en präst, ett altare och offer. I vers nio, kallas vi även ett rike av präster!

"Men gillar du inte att du väljs. Du är ett <u>rike av präster</u>...

Vers 9

<u>Erbjuda</u>

Ett erbjudande är den gåva ni ger till Gud under uppoffring. Det kan godkännas eller avvisas och därför måste bli enligt specifikationerna. Titta på hur offret utförs av Noa efter översvämning, bibeln gjorde det mycket klart att han erbjöd gud endast de djur och fåglar som hade godkänts för detta ändamål. Sedan hela offringslagarna, Gud varnade Israel att inte medföra deformerade djur såsom brännoffer för offret. Han varnade dem på allvar om detta och även lovade att avvisa och straffa förövarna. Ja, det är lika allvarligt som att.

Idag, är inte våra erbjudanden bara kor, får, djur, stearinljus, korn och fåglar, etc. de är tjänster och andliga offer, men de får inte vara deformerade eller lyte. De skall komma från en rent och tacksamt hjärta. De måste vara osjälviska och andliga för Gud att acceptera dem. Slaktoffer och spisoffer av en syndare inte välbehagligt för Gud. Kom ihåg att han sade att bön av en syndare [om inte bättring] är en styggelse för honom. Du måste ge ditt liv först, sedan dina offer. Offra innefattar altaret, prästen och gud.

<u>Kapitel tre</u>

Jag kommer att passera genom Egypten

En av de mest kraftfulla och mest dramatiska befrielsen i bibeln och i den mänskliga historien är mirakulös, commando-stilad räddning av Israels barn ut ur Egyptens land. Israel var i totalt kaos - slavar, dehumaniserade, plågade, användes och systematiskt eliminerades, när Gud bemyndigade Moses och hans bror att gå och rädda dem. Men seger skulle inte äga rum förrän påsk offret utfördes. Dessa kraftfulla och komplexa uppoffringar måste föregås; stimulera denna gudomliga *moder - - alla* rädda en hel ras. En ras som var producerad av förbundna löften. Och nu måste också bevaras genom förbund. Eftersom Israel inte kunde lämna Egypten utan ett förbund, så kan du behöva vidta vissa offer steg innan du, ditt folk, visionen, projektet är levererat. Sant. Gudomlig seger ger var till gudomliga löften! Jag tror att vi ska läsa från skrifterna innan vi fortsätter. Gå till Exodus 12:1-17:

"Nu har ju HERREN givit följande instruktioner till Moses och Aron medan de fortfarande var i Egyptens land: "Från och med nu denna månad kommer vara den första månaden av året för dig. Meddela till hela gemenskapen att på tionde dagen i denna månad måste varje familj välja ett lamm eller en killing för offer. Om en familj är för liten för att äta ett helt lamm, låt dem dela lammet med en annan familj i grannskapet. Huruvida de delar på detta sätt beror på storleken av varje familj och hur mycket de kan äta. Djuret måste vara ett år- gammal hane, antingen ett får eller en get, utan fysiska defekter.

'Ta speciellt hand om dessa lamm tills kvällen den fjortonde dagen i första månaden. <u>Varje familj i gemenskapen måste slakta sina lamm. De skall ta lite av lammets blod och kleta på toppen och sidorna av dörr ramen i huset där lammet kommer att ätas.</u> Den kvällen måste alla äta lammstek med bittra örter och bröd utan jäst. Köttet får aldrig ätas rått eller kokt, ugnsstek allt, inklusive huvud, ben och inre organ. Lämna inte något av det förrän nästa dag. Vad som inte är ätit den natten måste brännas innan morgonen.

"**Bär dina reskläder när du äter denna måltid, var även förberedd för en lång resa. Bär med dig dina sandaler och bär din gångstav i handen. Ät mat snabbt, för detta är HERRENS påsk. Jag skall under den natten gå genom Egyptens land och döda alla förstfödda söner och allt förstfött av hankön i Egyptens land. Jag skall genomföra domar över Egyptens alla gudar, ty jag är HERREN... fira denna festival med osyrat bröd, för det kommer att påminna dig om att jag förde edra krafter ur Egyptens land på denna dag. Den här festivalen kommer att bli en permanent reglering, för att hållas generation till generation**".

Kraftfullt, komplext, djupt och detaljerat offer eftersom vi sade seger skulle bli moder av alla räddningar, så offer måste också vara en moder av alla uppoffringar. Alla övertalningar, mirakel, tecken och under, gjordes för att få farao att tillåta Israel ut ur sitt land, men kungen vägrade. I själva verket frågade han Moses och Aron, "Vem är din Gud kommer jag att tillåta israeliter att gå?" Föreställ dig detta. Ungefär tio mirakulösa tecken och straff, men han vägrade. Då bestämmer Gud sig för att bevisa att han är den Allsmäktige, Allsmäktig. Han sa omedelbart till Moses att han skulle skicka en olycka på Farao och Egypten, och efter det, den ogudaktiga, envisa konungen i Egypten kommer praktiskt taget att be dem att lämna sitt land. Min Gud!

Saker är som de är, eftersom Gud inte dök upp. När Gud visar upp alla kedjor av slaveri och träldom kommer ditt liv att trasas sönder. När han visas upp som "farao" i ditt liv buga och be dig att gå. Alla problem, träldom i detta livet har en lösning. Vet du det? Vidta rätt åtgärd och du kommer att få ett korrekt resultat. I Gud är allting möjligt! Ja, allting. Ni hörde mig rätt. Betala rätt pris och du kommer att få rätt resultat. Nu förklarar jag dig och din familj från alla satanistiska träldom i Jesu namn!

Gud kunde få bort Farao och hela Egypten i en sekund, men han gjorde det inte. I stället valde han att inleda ett offer som skulle stimulera Israels dramatiska seger. Varför? Jag ber er därför att jag inte vet. Han kommer alltid att få oss som är inblandade i processerna. Varför? Och återigen varför han valde ett Lammets blod, osyrat bröd och utföra denna stadga i midnatt? Nu kommer vi inte att kunna gå i detaljer på alla dessa, men jag tror att lammet och blod var riktad till det ultimata pris Jesus skulle betala för att ta oss ur synden (Egypten). Sedan det osyrade brödet var betecknade en ojämn väg till det förlovade landet, som också berättar att det kristna livet inte kommer att vara en mycket enkel väg. Och valet av midnatt är också ett problem, men jag vill att du ska gå snabbt och få en kopia av min bok **Kraften av midnattsbön**. Det är en 21 kapitel kraftpackad uppenbarelse på mysteriet om midnatt och stor makt över den Allsmäktige. Få den direkt. Det är en bomb! Det finns på amazon.com och på alla större bok försäljares webbplatser.

Så efter att midnatt uppoffringar, Guds ord kom till pass. Farao bad israeliter att lämna Egypten. Guds ord kommer aldrig att misslyckas! Alla krafter som håller dig bunden kommer att förstöras i dag när du läser det här meddelandet i Jesu namn! Gud slår dessa faraoner och egyptier, för din skull. På natten vid detta offer - Påsken, dödsängeln slog alla först födda söner döda och allt förstfött av hankön som i Egypten. Och det var bra sorgesång över människor och boskap i hela landet. Varje familj hade en död kropp att ta itu med, så ingen tröstade någon. Smärta, förvirring, död och tjutande tog över i Egypten. Och vad blev resultatet?

"Då sände Farao och lät kalla till sig Moses och Aron under natten. "Låt oss!" ropade han. "Gå bort, alla ni! Gå bort och tjänen HERREN som du har begärt. Ta dina får och fäkreatur, och vara borta. Gud, men ge mig en välsignelse som du lämnar. Alla egyptier uppmanar Israels folk att komma ut i landet så fort som möjligt, för de trodde att "vi alla kommer att dö!"

Exodus 12:31 33

Effekt av uppoffring! Det är bara ett offer som helt kan kuva fienden på detta sätt. Det är endast vad som kan åstadkomma sådana dramatiska händelseförlopp. Detta var samma skryt, Obstinat, arrogant farao. Och dessa voro också samma fruktansvärda, knasiga, fruktade, utnyttjande av härdade egyptier. Nu var de ödmjuka, bönfallande till Moses och Israelerna för att skynda sig ut ur sitt land, så att de (Egyptierna) inte skulle dö. Även farao bad dem att välsigna honom innan de gick. Gud kommer att göra dig en Gud av dina fiender från idag i Jesu namn! Må Gud leda dig till rätt offer som kommer att helt fria dig, din familj, dina människor och din nation från alla slags slaveri i Jesu namn!

Det var samma uppoffringar som drog ner de vägledande i Guds närvaro som en molnpelare under dagen och en pelare av eld på natten över dem under hela resan. Det var samma uppoffringar som delade Röda havet för dem och även svalde sina fiender. Ja, Farao och alla hans befälhavare, trupper, hästar, vagnar och vagnshästar drunknade i havet innan israeliterna. Varje farao och ryttare som snörper dig kommer att slukas i dag i Jesu namn! Män, människor av uppoffring kan aldrig vara instängda i Egypten. Aldrig! Oavsett vilken typ av Egypter. De kommer alltid att levereras från det.

Jag tror jag vet lite om midnatts uppoffring. När du läser min bok som jag nämnde tidigare kommer du förstå. Starta midnatts uppoffringar och du kommer att befria dig från fiendens hand för evigt.

Herren kom ihåg mig igen

Det finns flera män och kvinnor offer som Gud använde för att rädda sitt folk i skrifterna. Folk gillar den stora David Samson, Debora, Ester, Josafat och andra. Vissa gav sina liv och andra var också beredda att göra detsamma. Vi kan börja med den mest kraftfulla mannen som någonsin levt.

Samson

Allt om Samson de store var uppoffringar - från början till slut. När Guds ängel kom att tillkännage sitt kommande, gav han ut ammunition att modern och de kommande barnen måste följas. Blivande modern ska inte dricka vin eller någon alkoholdryck och får inte äta någon förbjuden mat. Och när gossen Samson slutligen anländer får han inte vara rakas. Han skulle bli en nasir – utsedd till en särskild delegation. Han kommer att rädda Israel från filistéerna. Det finns saker som modern måste följa och det finns saker som barnet måste iaktta. Faktum är, att barnet måste vara ett mobilt altare från den dag hans föds till döden. Han kommer att offra sig själv och så länge han vidhåller att han skall vara oslagbar.

Och när denna ängel så småningom träffade mannen - Samsons fader, ängeln sade till honom:

"Herrens ängel svarade, "se din hustru följer instruktionerna jag gav henne. Hon får inte äta vindruvor eller russin, dricka vin eller andra alkoholhaltiga drycker, eller äta något förbjudet livsmedel". Då sade Manoah HERRENS ängel: "Vänligen bo här tills vi kan förbereda en killing för dig att äta", "Jag kommer att stanna svarade " HERRENS ängel, "men jag kommer inte äta något. Men du kan förbereda ett <u>brännoffer som offras</u> åt Herren". (Manoah insåg inte att det var HERRENS ängel). Sedan frågade Manoah Herrens ängel. "Vad är ditt namn? För när allt kommer omkring, vill vi hedra dig". "Varför frågar ni mitt namn?" HERRENS ängel svarade. "Du skulle inte förstå om jag berättade för dig". <u>Och Manoah tog killingen och spannmål och offrade det på en sten som ett offer åt HERREN. Och medan Manoah och hans hustru tittade på, gjorde HERREN en fantastisk sak. Som elden från altaret sköt upp mot himlen, HERREN UPPSTEG I BRANDEN.</u>

Då Manoah och hans hustru såg detta, föll de ned med sina ansikten mot marken."

Domare 13:13-20

Wow! Herrens ängel uppsteg i eld från altaret av uppoffring. Innan jag går titta vidare på dessa ord igen, "efter offret, de såg och hörde en fantastisk sak". De orden träffar dig? När du offrar, kommer du att titta på de fantastiska saker som Gud kommer att göra för dig. Uppoffringar lockar gudomliga underverk. Min Gud! Uppoffringar som skall iakttas innan barnet skulle komma, offra kommer att täta förbundet mellan föräldrar och gud. Sedan ett barns uppdrag skulle stimuleras genom att offra, upprätthållas av offer och också avslutas på ett kraftfullt offringssätt. Så länge Samson höll detta förbund, förblev han oslagbar och en tagg-i-köttet till fiender i Israel - filistéerna. Tills han trasslade till förbundet, han fortsatte att dra i portarna till fiender, slakta dem i hundratals med käkben, hugga lejon till döds med händerna, etc. uppoffringar stimulera seger. Ett uppoffrat liv kommer alltid att leverera och också användas för att leverera andra.

Även när Samson rörde till det, började leva i omoral och slarv, väntade himlen fortfarande på honom för att återskapa sina steg och avsluta sitt gudomliga uppdrag. Ja, den gudomliga överenskommelsen, särskilt från offer går inte lätt undan, eftersom det är löften gjorda på gudomliga löften. Det är därför ibland gud vill kringgå de ursprungliga mänskliga instrumenten och fortfarande utföra sitt ändamål. Det är mycket sant, titta på när Moses dog, Gud fortfarande, nästan omedelbart, bemyndigade Josua att gå vidare och slutföra uppgiften. Ingen varken man eller kvinnor är oumbärlig i planen för Gud. Samson var en stor man, en dedikerad krigare, men han var inte noga med att hålla sin relation med Gud som var källan till hans styrka och bedrifter. Och vissa av oss skulle göra samma misstag idag. Du har kvar din första kärlek. Du är nu Guds nåd, barmhärtighet och förhållandet för givet. Du har *anlänt*, och därför kan du göra precis vad du vill och komma undan med det. Ingen! Vänligen gå igenom dina steg nu, Guds nåd kan inte tas för givet. Du måste fortsätta att bevara grundsatserna i denna konvention. Du måste komma ihåg att mission är en produkt av förbundsavtal som kom från ett offer. Om detta ignoreras kommer du att betala gräsligt. Sant

Och Samson betalade för hans vårdslöshet och det var mycket dyrt. Han gav ut sina gudomliga hemligheter till en kvinnlig agent för fienden. Han var fångad, rakad, förblindad och användes för spel. Plötsligt, mitt i hans smärta och sorg, på randen av hans förestående total förstörelse, kom han ihåg sin personlighet. Han tänkte på det gudomliga löftet, överenskommelser, uppoffringar och också skammen hans folk skulle tvingas tillbaka in i. Och plötsligt, ja plötsligt hans hår, insmörjningen, äran och Guds styrka började växa tillbaka. Det rakade håret började växa igen, och han beslöt att betala högsta offer gnom döden med fienden. Din rakade härlighet kommer att växa tillbaka i Jesu namn! Han bestämde sig för att offra sina liv ännu en gång för sitt folk. Vilket beslut? Lyssna här:

"Så blevo filistéerna fångade honom och urholkats ur hans ögon. De tog honom till Gaza, där han har bundit med brons kedjor och gjorde att mala säd i fängelset. Men det dröjer inte länge förrän hans hår började växa tillbaka. Filistéen ledaren höll en stor festival, erbjöd uppoffringar och berömde deras gud, Dagon. De sade: "Vår gud har givit oss seger över vår fiende Samson! När folket såg honom, lovade

de likaledes sin Gud och sade: "Vår Gud har givit vår fiende till oss! Den som dödat så många av oss i nu i vår makt!

Halvfulla nu, folket krävde, "föra ut Samson så att han kan utföra för oss!" Så han kom ut ur fängelset och att stå i centrum av templet, mellan de två pelare som stöder det taket. Samson sade till tjänaren som hade lett honom vid handen, "Placera min hand mot de två pelarna. Jag vill vila mot dem! Templet var helt fyllt med folk. Alla filistéers ledare fanns, och det var cirka tre tusen på taket som tittade på Samson och gjorde narr av honom.

<u>Men Samson bad till HERREN, "enväldige HERREN kom ihåg mig igen. O Gud, vänligen stärk mig ytterligare en gång så att jag kan betala tillbaka filistéerna för förlusten av mina ögon". Därefter fattade Samson sina händer på mitten av pelarna i templet och tryckte mot dem med all makt, låt mig dö med filistéerna, bad han.</u> Och templet föll samman på filistéenledaren och alla människor. Så dödade han fler människor när han dog än vad han hade under hela sin livstid."

Domare 16: 21 -30

Wow! Kom ihåg mig igen, HERRE! En stor man av uppoffring "Må jag nu själv dö med filistéerna, om det är vad som kommer att ta bort denna skam och få seger åt mitt folk." Ja, den största uppoffringen är att livssituationen för andra är det vad mästaren själv predikade. Men vi kommer till det senare. Samson betalade det högsta priset. Gud gjorde inte planer för honom att dö med fiender, men han hanterades fortfarande som överlägset offer för att uppnå sitt gudomliga uppdrag. Och vad blev resultatet av offret? Alla ledare av filistéerna, tusentals tittare och bespottare, Häcklare, tre tusen andra på taket, deras gud Dagon och hennes tempel revs. Utmärkt! Det är effekten som följer offret.

Samson ångrade sig omedelbart, hans hår (styrka) började växa igen. Sedan ordnade Gud för denna enorma samling av fiender för maximal förödelse. De var förstörda med sin Gud. Kom ihåg vad han sade till Moses: "Jag kommer att döma egyptierna och deras gudar". Här, igen, Gud dömdes filistéerna och deras Gud. Prisa Gud! Det finns styrka i uppoffringar och det ger maximalt resultat.

Om jag förgås, jag förgås

Nästa person som vi vill diskutera här är denna fantastiska kvinna Gud kallade Ester. Jag älskar denna kvinna så mycket att jag namngav min andra dotter efter henne. Faktum är att jag ibland kallar henne *Hadassa,* vilket är den hebreiska versionen. Det betyder myrten, brud, stjärna. Vid en mycket kritisk tidpunkt i livet i Israel, en tid när fienden hade säkrat en oåterkallelig motivation att döda alla judar, Ester valde att sätta sitt liv på spel. Hon var beredd att riskera sitt liv för att rädda hennes bröder. Det är ett högsta offer! Offret var så kraftfullt att Gud manövrerade tillkopplingen som ytterst situation. Konungen gav en motdekret till fördel för de dömda judarna, främjande judarna och deras fiende som var hängda. Prisa Gud!

Du känner till historien mycket väl. Harman, premiärministern till konung Xerxes härskaren i det persiska imperiet var inte glad att Mordokai, jude vägrade att böja sig ned. Mordokai vägrar att gå med övrig personal på plats för att buga till Harman när helst han passerade. Ja, vi är judar! Vi kan inte tillbedja någon annan person, bild eller objekt. Gud sade att endast han igen bara han, borde få vår gudstjänst. Vi måste respektera människor speciellt äldre och de autoritära, men vi borde heller inte ge dem plats för Gud. Bara Gud, Herren, skaparen, Israels Gud ska dyrkas och bugas till. Så Mordokai var mycket riktigt inte buga till denne.

Haman blev mycket arg för detta "isobedience" och han längtade efter att tillbedja så mycket. Så han lyckades manipulera konungen att utfärda en dödsattest inte bara på mordokai sin "fiende", men alla hans bröder - judarna. En dag godkändes att döda alla judar, unga och gamla, kvinnor och barn. Varje avtryck av judiska ska torkas bort helt. Även deras egenskaper bör ges som belöning till dem som kommer att döda dem. Min Gud! Jag hoppas att Gud skulle stoppa varje Haman som planerar att förgöra eder i Jesu namn.

Som juden Mordokai fick denna information, var han splittrad. Han slet sönder sina kläder av säck och aska, gick ut grät och klagade. Alla judar i alla provinser gick också i sorg, fastade, grät och klagade. De hade sminkat säck och aska. Ja, de har just fått veta att de och deras fruar, barn kommer att slaktas. Mordokai passerade snabbt denna tråkiga nyhet till hans fina som för övrigt var konungens hustru. Men det var inget Esther kunde göra eftersom hon inte kunde på egen hand gå in i konungens inre förgård förutom om hon vill dö. Det är en lag. Lyssna på henne!

"Då omtalade Ester Hatak att gå tillbaka och relä detta meddelande till Mordokai, "Hela världen vet att <u>någon som verkar inför konungen i hans inre domstol utan att bjudas är dömd att dö</u> om konungen håller ut sitt guld spiran. Och konungen har inte kallat efter mig att komma till honom i mer än en månad."

Esther 4:10-11

Situationen var så allvarlig. Dödsattest, sorg, gråt och jämmer och nu den enda person som kan hjälpa är att blockera, förhindra genom lagstiftning och Persiens konungar. Må Gud hjälpa oss! Men plötsligt föll andan av uppoffring i Esther vaknade upp och hon frågade Mordokai och alla judar att gå och fasta för henne för i tre dagar. Hon vill också göra samma sak med hennes tärnor. Fantastisk kvinna! Jag tycker att det vore bra att läsa detta direkt från skrifterna.

"Då lät Ester detta svar till Mordokai, "Gå och samla alla judar i Susa och snabbt för mig. Inte äta eller dricka under tre dygn, vare sig dag eller natt. Mina tärnor och jag kommer att göra samma sak. Och sedan, <u>även om det strider mot lagen, kommer jag att gå in för att se konungen om jag måste dö. Jag är beredd att dö"</u>.

Esther 4:15-16

Wow! Om jag måste dö, jag är villig att dö! Om jag kommer att förgås, eftersom det var judarnas tillredelsedag låt mig förgås! Min Gud! Vilken uppoffring! Bönen för alla judar och denna stora risk som den judiska damen tog genom att trycka händerna av döden tillbaka. Det skulle ha varit en total utplåning av en ras. Hon riskerade sitt liv för andra. Hon var villig att dö om det skulle rädda de tusentals judiska liv. Och Gud ingrep omedelbart och vände allt till sin fördel. Gud har svårt att motstå uppoffringar. Uppoffringar är mycket kraftfulla. På grund av detta märkliga agerande är Esther (*åt Hadassa*) i dag respekterad, hedrad och firad av judar överallt. Och kanske det mest idag. Den judiska årliga festivalen av Purim infördes på grund av denna incident. Det är i dag det årliga firandet av hur Gud vände Israels sorg till glädje, sorg till glädje, rädsla till seger, och sorg i fröjd. Det är för att hedra minnet av en tid då judarna fått befrielse från sina fiender. I stället för att judarna förgås, deras fiender dödades och ärkefiende Haman och hans söner voro också hängda.

Vem är denne oomskurne filisté?

En annan stor man som förstod att offra är kung David. Som en liten pojke skulle David riskera sitt liv för att rädda sin faders får. Han rycker får och getter från lejonets gap. Det är bara att lyssna till honom direkt.

"Men David fortsatte, "jag har tagit hand om min faders får", sade han "När ett lejon eller en björn kommer att stjäla ett lamm från flocken, jag går efter den med en klubb och lamm utgör dess mun. Om djuret vänder på mig, jag fångar den med bländare och club till döden. Jag har gjort detta både lejon och björnar...".

1 Samuel 17:34-36

Som tonåring ryckte han fåren från käkarna på lejon och björnar? Säkert, det är inte vanligt. Som en pojke, var han redo att ge sitt liv för att skydda vad som har varit engagerat i hans vård. Han var redo att offra sina bästa. Med detta var det bara att förbereda David för större uppgifter i livet. Han skulle senare döda en av de största och fruktade fienderna i Israel och också bli hennes största och mest kraftfulla konung i framtiden. Han var en räddare, en kung, en ledare, en profet och en man efter Guds hjärta, men han skulle inte uppnå allt detta utan att vara en människa av uppoffring. De striderna med dessa djur förstärkte honom att leda envisa Israel. De användes för att kapa hans tänder för större strider framöver. Han skulle kämpa stora krig. Han skulle göra så många kryphål för Gud och för Israel.

Från striderna med lejon och björnar, visades utmaningen av Goliath. Du måste göra bra i ett uppdrag innan Gud kommer att ge dig ett större. Segern gör väg för en seger. Goliath, en jätte, en tapper filisté soldat har hånat och terroriserat armén i Israel i dagarna. Ingen kunde svara eller bekämpa honom. Han var en testad man av många strider, alltför stark och stor för en vanlig soldat. Bara kolla hur bibeln beskriver honom och situationen Israel befann sig i.

"Sedan Goliath, Filistén mästaren från Gat, kom ut ur filistéernas rang inför de krafter i Israel. Han var en jätte som människa, mätte över nio meter! Han hade en brons hjälm och ett pansar som vägde 125 kilo. Han hade sminkat brons beningar, och han slunga ett brons spjut över hans rygg. Skaftet på hans spjut var så tungt och tjockt som en vävbom, försedd med ett järn spjutspets som vägde 15 kilo. En pansarbärare gick framför honom bar en enorm sköld.

"Goliath stod och skrek över att de israeliter, "o du behöver en hel armé för att lösa detta? Välj någon som slåss för dig, och jag kommer att representera filistéerna. Vi kommer att avgöra denna tvist i en strid! Om din man kan döda mig, då kommer vi att vara slavar. Men om jag dödar honom, kommer du att vara våra slavar! Jag har i dag smädat Israels arméer! Skicka mig en man som kämpar med mig!". När Saul och israeliterna hörde detta, blev de förfärade och djupt skakade".

1 Samuel 17:4-11

Min Gud! Terror! Vem skakas inte efter att ha sett och hört från den här mannen? Berätta för mig. En jätte med sådana vapen och erfarenhet? En stark människa som är helt backas upp av en stark stand-by, väl utbildad och utrustad armé? Vem kommer inte att bli livrädd? Goliat kommer ut varje dag för att göra sina utmaningar och så snart som israelitiskas soldater ser honom, kommer de att börja köra bort den ena efter den andra.

Det gick tills pojken David dök upp på scenen. Han var inte en av soldaterna, men han gillade inte vad hans folk gick igenom. Goliat trotsar Israel och även deras Gud. Du kan inte vara en del av etableringen, men Gud kan använda dig. Du kanske inte har de kvalifikationerna, men Gud kan inviga dig för att uppgiften ska utföras. Gud kan åsidosätta kvalifikationer, anslutningar och träning ibland, och uppnå sina syften. Ja! David accepterade utmaningen och flyttade mot denna högt utbildade och utrustade jätten med bara hans herde personal, slunga och fem släta stenar ur bäcken som han la i hans herdes väska. Säker, var detta den största risken detta århundrade, ett desperat uppdrag.

Men eftersom pojken flyttat närmare jätten, de himmelska krafterna i flyttades före honom och gjorde jobbet. Jesus! Lyssna:

"Goliath flyttades närmare attacken, David sprang snabbt ut för att möta honom. Närmade sig sin herde väska och tar ut en sten, kastar han den från hans slunga och slår ihjäl filistén i pannan. Stenen sjönk och Goliath snubblade och föll vänt nedåt mot marken. Så <u>David besegrade filisté jätten med bara en sten och slunga. Och eftersom han inte hade något svärd</u>, körde han över och drog Goliaths svärd ur skidan. David använde den till att döda jätten med och högg av hans huvud.

"När filistéerna nu såg att deras kämpe var död, vände de och sprang. Sedan gav Israelerna ett stort triumfjubel och rusade efter filistéerna, jagade dem så långt som till Gat och Ekron portarna. Av döda och sårade blev alla filistéerna översållade längs hela vägen från Shaaraim, såvitt Gath och ända till Ekron. Sedan återvände israeliska armén och plundrade deserterade filistéers läger".

1 Samuel 17:48-53

Wow! Bara på grund av en liten pojkes offer levererade Israel. Sannerligen, det finns makt i offret. David tillät sig att bli använd av Gud. Han tog en av de största riskerna någonsin i historien. Nu kan du se resultatet - fiender var vanhedrade, besegrade och plundrade. Goliat jätten dödades, filistéernas armé jagades bort skadades och dödades. När vi tar risker för att tjäna Gud och mänskligheten, himmelska krafter kommer till vår hjälp. Gud älskar uppoffringar eftersom de påtvingas oss och bjuder den Allsmäktige och hans osynliga krafter att komma och hjälpa oss.

Hoppas du hänger med i våra diskussioner så långt? Vad är det för offer Gud har som satt sig i ditt hjärta? Gå nu och gör det. Vänta inte på tillfället att gå förbi. Denna händelse lanserades automatiskt den fattige David i rampljuset. Han gifte sig med kungens dotter, gick med i armén och blev en nationell hjälte med omedelbar framgång. I själva verket blev han omedelbart utsedd till en befälhavare i armén. Hela Israel firade honom. Det är vad offer kan göra. Det kommer alltid ge fantastiska resultat och övernaturliga kampanjer.

Dynastin av kungar för dig

David fortsatte att utnyttja för Gud och för Israel, tar risker och Gud fortsatte att hälla generationsvälsignelse och gav löften om honom och hans ättlingar. Kanske kommer vi bara nämna en eller två mer och så går vi vidare på grund av att det kommer att ta böcker att diskutera livet eller utnyttjandet av denna fantastiska människa.

Efter att han satt sig ner i hans palats för att styra Israel, kallades han på profeten Natan och berättade för honom att han ville bygga ett hus åt gud - ett tempel. Även när Gud vägrade och valde hans son att göra det, gick David vidare för att samla in material för byggnaden. Hans åtgärder provocerade Gud så mycket att han svor att göra honom och hans underliggande berömda och föreståndarna för evigt. Läste just detta.

"Men om natten sade Herren till profeten Natan, "Gå och säg till min tjänare David: Så säger HERREN... Nu skall jag göra ditt namn känt över hela jorden...

"Och nu, då Herren förklarar att han skall bygga ett hus åt dig - en dynasti av konungar! När du dör, kommer jag att ta upp en av dina avkomlingar; och jag skall befästa hans konungamakt. Han är den som skall bygga ett hus - ett tempel för mitt namn. Och jag skall befästa hans konungatron för evigt. Jag skall vara hans fader, och han skall vara min son. Om han syndar, kommer jag att använda andra nationer för att straffa honom. **Men min osvikliga kärlek kommer inte att tas ifrån honom, såsom jag lät den vika ifrån Saul, vilken jag tog bort innan dig. Din dynasti och ditt rike kommer att fortsätta för all tid framför mig, och din tron kommer att vara säkrad för alltid.**"

2 Samuel 7:4-5, 9, 11-16.

Bara för David? Varför? Eftersom han trodde på att bara bygga ett anstående tempel för guden av Israel! Titta på vad hans handlingar utlöser - hans namn kommer att vara känt på hela jorden och ur honom dras dynastin av konungar som kommer att härska i all evighet! Min Gud! När du är man/kvinna av uppoffringar, du gör Gud till att hälla välsignelser till dig och dina barn. **Göra vad andra inte har gjort och Gud kommer att göra för dig vad han inte har gjort för andra**. Sant. Det är en etablerad gudomlig politik. Gud älskade David så mycket på grund av mannens kärlek till Gud och hans folk. Han är alltid på jakt efter ett sätt att behaga Gud eller en väg för att ta risker för sitt folk. Oräkneliga gånger satte han sitt liv i risk för att rädda Israel. Han dödade tusentals Israelers fiender. Om du vill bli berömd, om du vill, om du vill vara en man efter Guds hjärta, om du vill bli framgångsrik, sedan blir man/kvinna av uppoffring. Var osjälvisk, alltid ge allt för att tjäna Gud och mänskligheten. Och Gud skall välsigna dig, såsom han lovade David. Du kommer att bli en man efter sitt hjärta också.

Kapitel fyra

Jag kommer att få betala priset

Jag sa att det är svårt att skriva eller prata om David. Mannen är en institution själv. Det är ganska svårt att stoppa när du börjar diskutera honom. Men jag kommer snart att tvinga mig till det. Men denna stora man älskar att betala priset för vad han vill uppnå i livet. Han vill inte köra bort från striden, utmaningar eller kostnader. Ni kommer ihåg när han gick att bygga på altaret för att freda Gud Araunas loge. Mannen berättade för David att ta mark gratis och en gåva av oxar, trösknings verktyg, etc. för offringen. Men David avvisade erbjudandet. Han sade att han inte skulle använda något som kostade honom något att offra till sin Gud. Jesus Kristus! Vad är det här?

Någon försöker göra det väldigt enkelt för dig och du vägrar? Om det var de flesta av oss, skulle vi hoppa på erbjudandet direkt, även med tack. Men David, den stora mannen av uppoffring sade "Nej, jag vill betala priset! Jag vill bära kostnaderna." Det finns ett pris för allt. Det finns ett pris för storhet. Det finns ett pris för bra relationer, stora företag, stor klokhet, framgångsrika giftermål, bra utbildning osv. hitta kostnaden och betala för det. Sant. Om du vill bli bra som David och andra stora män, då måste du betala priset.

Några av oss vill att befogenheter och miraklen av Elias, Elisha, Moses, Jesus Kristus, Samuel etc. men vi vill inte bedja som dem. Alla de betalade sina individuella priser för att uppnå deras höjder i livet och ministeriet. Betala priset. David berättade för Mr. Arauna att storhet aldrig uppnås på en fri resa. Låt oss läsa detta innan vi går vidare:

"Dagen som Gad kom till David och sade till honom: "Gå och bygg ett altare åt HERREN på jebuséen Araunas tröskplats', så gick David till gör vad HERREN hade bjudit honom. När Arauna såg konungen och hans män komma mot honom, gick han fram och böjde sig ned till jorden på sitt ansikte för konungen. "Varför har ni, min herre?" Arauna bett. Men David svarade: "Jag har kommit för att köpa din loge och där bygga ett altare åt HERREN, så att Herren kommer att stoppa pesten"

"Ta den, min herre, och använd den som du önskar" sade Arauna till David. "Här är tjurar för brännoffringen och du kan använda trösknings verktyg och ox oken för trä att bygga en eld på altaret. Jag kommer att ge allt för dig, och må HERREN, din Gud acceptera din uppoffring". Men konungen svarade Arauna: <u>"Nej, jag insisterar på att köpa det, för jag kan inte presentera brännoffer till HERREN, min Gud, som har kostat mig ingenting"</u>. Så David betalade honom femtio siklar silver för loge och tjurar. David byggde

där ett altare åt HERREN och offrade brännoffer och tackoffer. Och HERREN besvarade hans bön, och hemsökelsen upphörde!!"

- 2 Samuel 24:18-25

Ja, hitta pris och betala den. Om du vill bli bra, hitta pris och betala den. En man av offret. Stora män är alltid män av stora uppoffringar. Du kan behöva uthärda utbildning för den nya kampanjen. Betala priset. Allt i livet har en prislapp. Det sägs att om du vill bli större så att dina medbröder, att du sedan är vaken när de sover. Och om du vill bli bra var också beredd att finansiera storhet. Även den frälsning vi säger är gratis är inte gratis. Någon har betala priset för det. Ja, Jesus gjorde det! Det kostade honom hans liv. Och du kan också behålla den genom priser och uppoffringar. Så David betalar för den, utförde uppoffring och gud accepterade det. Pesten, döden, det gudomliga straff som härjar i Israel stoppades. Ja, alla plågor kan stoppas av uppoffringar.

Davids hjältar

Det var inte bara David som gjorde hela utnyttja under hans regeringstid. Han hade andra stora män som hjälpte honom att bli framgångsrik i många strider. Och jag tänkte att det skulle vara bra att nämna några av dem här på grund av de uppoffringar de gjorde. De lade alla sina namn i boken av berömmelse genom deras exceptionella mod och hjältemod.

Jasobeam Hacmonite

Han var en officer i Davids armé och en ledare, den första bland de tre mest kraftfulla män i hans lag. Den här killen är så kraftfull och modig att han en gång använde bara spjutet för att döda åtta hundra fienders soldater i strid. Han var den första bland sina jämlikar. Han var en man av uppoffring och historien har givit honom hans rättmätiga plats. En man av uppoffring kommer alltid göra historia och också den första bland sina jämlikar, även långt efter händelserna. Jasobeam vaknade inte bara upp och blev den stora. Ingen! Han har betalat sina avgifter.

Han betalade priset för storhet. Om du betalar priset har du en trofé.

Eleasar

Eleasar var bland de tre bästa. Han var son av Dodai, en ättling till Ahoah. Han som en gång var med David till kampen när hela armén i Israel hade flytt för filistéerna. Titta på vad Bibeln säger om honom:

"Han dödade filistéerna, till dess att hans hand blev för trött för att lyfta sitt svärd, och HERREN gav honom en stor seger på den dagen. Resten av armén återvände inte förrän det var dags att samla skatterna!"

2 Samuel 23:10

Wow! Denna mästare, stor man av offring vägrade att lämna sin chef för att kämpa ensam. Även när alla andra soldater hade flytt, stod han med David vid kampen mot fienden för försvara sitt folk. Ja, detta är en mästare. Mästare springer inte ifrån utmaningar. En mästare ger inte upp med andra. Mästare stödjer deras orsaker, sina visioner, deras folk och deras boss ända till slutet. Och det är sant att offra. De kommer alltid att se slutet av striden och skörda frukterna, skämma bort med andra.

Nu ska vi titta på hur historien varit snäll mot honom. Hans namn och insatser dokumenteras för eftervärlden och kommer att läsas från generation till generation tills Jesus kommer. Men tyvärr, ingen kommer ihåg, nämna eller ära de soldater som flydde striden bara för att återgå till att skörda bytet. **Mästare under utmaningar och inte under delar av krigsbytet.** När du kör från utmaningar får du automatiskt diskvalificera dig själv från seger och ära. Stå idag och gör en uppoffring, betala priset för din storhet. Eleasar stod vid David och kämpade tills han inte kunde lyfta sina händer igen. Han besegrade fienden, skördade krigsbytet och har sitt namn på hall av berömmelse. Offra!

Samma

Detta var en stor man av uppoffring. Återigen, Israelitiska armén flydde från striden, men den här mannen heter samma som sin mark i området och besegra filistéerna, seger för Israel. Min Gud! Gud har människor. Han uthärdade en hel armé i ett land, när hans egen armé hade flytt. Ja, det är en gudomlig kraft som kommer att hjälpa män och kvinnor av offer. Du kan inte se eller känna det, men det kommer att hedra din tro, ditt mod och din kärlek till Gud och andra. Det är sant. Eller berätta hur dessa män kan uppnå dessa bedrifter? När du tar risker för att tjäna Gud och mänskligheten, när du går ut ur ditt sätt att se och tillgodose andra, kraftfulla, himmelska krafter komma till din hjälp. De hjälper dig att uppnå vad som inte kan uppnås genom vanlig, naturlig styrka.

Och tre bröt rang

Dessa tre män vi just diskuterat gjorde även kollektivt något för att göra den moderna militära planen och lära att tänka om. Deras boss konung David begärs för vatten som var direkt bakom fiendelinjen. Dessa krigare gick fram omedelbart, bröt igenom den befästa fiendens linjer och hämtade vatten till

David. Detta är en av de modigaste handlingar som du kommer att se i bibeln eller ens i historien. Även våra specialstyrkor kommer att avundas denna bedrift. Tala om extrema uppoffringar. Och tacka Gud den vise och andlige att David inte drack vatten. Han göt som ett offer åt HERREN. Det var en uppoffring från en annan uppoffring! Och du kan förutsäga vad som kommer ut av detta - en bomb!

"David bodde i borgen på den tiden och ett Filisteiskt lösgörande hade ockuperat staden Betlehem. David påpekade längtande till sina män, "Oh, hur jag skulle älska vissa bra vatten från brunnen i Betlehem, den nära ingången". Så de tre bröt sig igenom filistéernas linjer, drog lite vatten därifrån, och förde den tillbaka till David. <u>Men han vägrade att dricka det. I stället har han hällt ut det inför HERRENS ansikte. "Herren låte det vara fjärran ifrån mig att jag skulle dricka det här!"</u>. Utbrister han. Detta vatten är <u>lika värdefullt som dessa mäns blod, som riskerade sina liv för att bringa det till mig"</u>. Därför ville David icke dricka det. Detta är ett exempel på de egocentriska tre".

2 Samuel 23:14-17

Risker för att tillfredsställa andra. Ta risker för att förbättra mänskligheten och du kommer att bli en hjälte. Dessa män riskerar sina liv för att tillfredsställa David. Men titta på en annan sak här, David vägrar att dricka vatten sade att det är så värdefullt som blod av krigare. Han såg inte mer vattnet, men blodet. Ja, produkter från offret, åtgärder från uppoffringar är alltid förändrade. De naturliga till det övernaturliga. Från vanligt till extraordinär. Från människa till det gudomliga. Det är en andlig sak. Vattnet ändrades till blod omedelbart efter det att de tre männen riskerade sina liv för att hämta det. När du bor ett offrande liv, saker du gör och saker omkring dig blir övernaturliga. Ingen vanlig människa kommer att kunna förstå dig igen.

När exempelvis fyra leaper i Andra Konungaboken Kapitlet sju tog risken och började gå mot fiendens läger, blev deras fotspår förändrade till ljuden av vagnar i krig. Fienden började höra märkliga, mystiska, ängsliga, öronbedövande ljud. Deras fiender sprang iväg tänkande att Israel hade lejt andra nationer att slåss mot dem. När Jesus kom ut ur uppoffringar av korset och graven, behövde han inte längre hästar eller att resa. Han kom och försvann. Han behövde inte längre passera genom dörrar för att ange ett hus etc. Efter offrandet på berget Karmel, Elia blev så övernaturlig att han kunde springa snabbare som en kunglig vagn. Det är kraften av uppoffring. Det ändrar allt i dig till det övernaturliga. Det gör dig och dina handlingar övernaturliga.

Det fanns fortfarande andra kraftfulla män som David som kände till uppoffring. Aishai använde också sitt spjut för att döda tre hundra fienders krigare i en enda strid. Benaja, son av Jehoaida dödades av två moab, de mäktigaste krigarna och vid en annan olycka, jagade han lejon ner i en grop, trots snö och halt underlag, han fångade lejon och dödade den. Och ännu en gång beväpnad bara med en klubba, dödade han en stor egyptisk krigare som var beväpnade med spjut. Han slet spjutet ur egyptierns hand och dräpte honom med den. Wow! Nu försvarade alla dessa män och dessa bedrifter Guds folk. De riskerade sina liv för att försvara andra och deras folk. Och detta kommer att ta oss till våra moderna militära hjältar och ledare. Men vi kommer att vara mycket kortfattade.

Kapitel 5

Följ mig! Vi kom för dig!

"Stanna nere! Stanna nere!" Senare, "Följ mig! Följ mig! Vi kom för dig!" Var skriken från israeliska kommandon som leds av Lt Col. Yonatan Netanyahu på hebreiska när de störtade in i den gamla terminalbyggnaden i Entebbe flygplats vid midnatt den 4 juli 1976 för att rädda de 106 israeler som gisslan efter deras plan var kapat av terrorister. Det plan som Air France på flyg 139 från Tel Aviv till New York var kapat efter en mellanlandning i Aten och omdirigerat till Entebbe, Uganda. Operationen var mycket lyckad. Alla i gisslan och byggnaden räddades, utom 3 som dödats, 1 lämnades i Uganda, 74-åriga Dora Bloch som blev sjuk under resan till Uganda och var på sjukhus. Det upptäcktes senare att hon mördades på order av Idi Amin, diktatorn presidenten i Uganda.

Efter raiden, återvände den israeliska kommandon till sitt flygplan och började lasta i gisslan. Ugandiska soldater sköt på dem i processen. Det israeliska kommandot besköt dem, som påförde olyckshändelser på Ugandier. Under denna korta men intensiva eldstrid, avfyrade ugandiska soldater skott från flygplatsens kontrolltorn. Minst fem skadades, och tyvärr oövervinneliga israeliska enhet befälhavare Yonatan Netanyahu dödades. De kommandon som returnerade eld dödade alla attackerande ugandiska soldater som var kvar i tornet. Sedan evakueringen av gisslan var kvar, lastades Netanyahus kropp in i ett av flygplanen och lämnade flygplatsen. Hela operationen varade i 53 minuter - angreppet varade bara 30 minuter. Alla sju kaparna, och omkring fyrtiofem ugandiska soldater eliminerades. Elva sovjetbyggda MiG-17 och MiG-21 jaktplan från Ugandas flygvapen förstördes på marken vid Entebbe flygplats. Jag tror att det gjordes för att undvika en motattack på ugandiska Air Force. Men israelerna var väl förberedda för att med ett krigsplan svävande i luften.

Hjälten Col. Netanyahu var senare begravd i Jerusalems Militärkyrkogård på Mount Herzl den 6 juli under en militär begravning en enorm folkmassa deltog och högt uppsatta tjänstemän. Shimon Peres och försvarsministern, sade under hyllningstalet att **"en kula hade rivit sönder det unga hjärtat av Israels finaste söner, en av de mest modiga krigare, en av de mest lovande befälhavare - den magnifika Yonatan Netanyahu."** Ja, det var mest passande ord för att beskriva "Yoni" som han kallas. Denna modiga unga jude kom i form av David, Samson och Josafat. Sant. Jag är också glad över att i dag ägna detta arbete åt Yonatan. Jag har aldrig känt att jag skulle växa upp till att uppskatta de stora uppoffringar av den här fantastiska juden och hans team medan du tittar på en film på detta räddningsuppdrag som heter *"90 minuter i Entebbe"* som en liten pojke i slutet av 70-talet.

Låt oss nu gräva lite djupare i bakgrunden av denna okuvliga judiska krigare. Hans liv var fullt av äkta kärlek och patriotism för hans land - Israel. Han var alltid redo att ge sitt bästa, även livet för henne. Yonatan var den äldste sonen till den israeliska professorn Benzion Netanyahu. Han föddes i New York den 13 mars 1946 och tillbringade mycket av sin ungdom i USA, där han gick i gymnasiet. Efter gymnasieexamen, gick Netanyahu i de israeliska försvarsstyrkorna 1964. Han tjänstgjorde frivilligt i Fallskärmsjägare brigad och briljerade i Officer kurs. Han blev så småningom given kommando av ett fallskärmsjägare företag.

Efter att ha tjänstgjort i IDF under det sexdagarskrig 1967, deltog han i korthet på Harvard University innan överföring till Jerusalem till hebreiska universitetet i 1968; strax därefter lämnade han sina studier och återvände till IDF. Han anslöt sig till Sayeret Matkal i början av 1970-talet och belönades med medalj av framstående Service för hans uppträdande i Yom

Kippur-kriget 1973. Vi kommer att utveckla mer av några av hans bedrifter i dessa konflikter.

Åka tillbaka igen 1967 tänkte han sig högskolan, men det konstanta hotet om krig gjorde honom fick honom att stanna i Israel. **"Det här är mitt land och mitt hemland. Det är här jag hör hemma"**, skrev han. Den 5 juni 1967, under sex dagars krig, kämpade hans bataljon i striden i Um Katef Sinai, sedan förstärkning i Golanhöjderna striden. Under Golanhöjderna strid, blev han sårad och samtidigt hjälpte han rädda en kollega, soldat som låg sårad långt bakom fiendens linjer. Han var dekorerad för tapperhet efter kriget.

Av 1970 ledde han en anti-terrorist spaning, Sayeret Matkal (israeliska specialstyrkor), och sommaren 1972 utsågs han till enhetens biträdande befälhavare. Det året ledde han en raid (Operation låda 3) där senior syriska officerare togs som ett förhandlingsobjekt mot senare utbytta fångna israeliska piloter. Följande år medverkade han i operationen våren för ungdom, där de påstådda terrorister och ledarskap av Svarta september selektivt dödades av Sayeret Matkal, Shayetet-13 och Mossad.

Under Yom Kippur-kriget i oktober 1973 Netanyahu bjöd Sayeret Matkal makt på Golanhöjderna som dödade mer än 40 syriska kommandosoldater i en strid som motsade den syriska kommandots raid i Golan's höjder. Under samma krig, räddade han också Överstelöjtnant Yossi Ben Hanan från Tel Shams, medan Ben Hanan låg sårad bakom syriska linjer. Wow! En stor krigare!

Efter kriget, Netanyahu tilldelades Medalj för utmärkelseservice, Israels tredje största militära dekoration, för hans räddning av Ben Hanan. Netanyahu erbjöd sig sedan att fungera som en rustnings kommendant, på grund av de tunga förluster som orsakats på den israeliska rustnings kår under kriget, med en oproportionerligt stor del av dessa i officerrang. Netanyahu briljerade i tanken som officerare och fick befälet över Barak rustnings brigad, som raserades under kriget. Netanyahu vände sin brigad till den ledande militära enheten i Golan.   Efter att ha skadats, återvände han till USA för att studera vid Harvard. Men efter ett år kände han behov av att återvända till Israel för att återförenas med armén. "Den här gången", skrev han i ett brev, **"Jag ska försvara mitt land. Harvard är en lyx jag inte har råd med"**. Fastän han återvände till Harvard under sommaren 1973, gav han upp det akademiska livet för Israels militär. Vilken stor uppoffring! Gick du att igenom alla dessa poster? Jag hoppas att jag inte gjorde några misstag genom att likställa den här killen med hjältar som David och Samson? Yonatan var verkligen bra!

Netanyahus yngre broder, Benjamin Netanyahu, har varit premiärminister i Israel sedan 2009, och även varit i kontoret mellan 1996 och 1999. Både Benjamin och en tredje broder, Iddo Netanyahu, tjänstgjorde i Sayeret Matkal. Alla som tjänstgjorde i den fruktade elit specialoperationsenheten. Nu, för att uppskattas Yonatans offer bättre behöver du läsa några av hans brev till hans relationer. I dessa anteckningar, utgöt han faktiskt helt sitt sinne på allt betungande, men valt uppdrag att ge allt till sitt land. Han var en man av uppoffring!

<u>Brev till föräldrarna, Mars 6, 1969:</u>

"I en vecka kommer jag att vara 23. Om mig, om oss, Israels unga män, vilar skyldig att hålla vårt land. Det är

ett tungt ansvar, som mognar tidigt... Jag beklagar inte vad jag har gjort och vad jag tänker göra. Jag är övertygad om att det jag gör är rätt. Jag tror på mig själv, i mitt land och i min framtid"

<u>Brev till sin broder Benjamin, December 2, 1973:</u>

"Vi förbereder oss för krig, och det är svårt att veta vad som väntar. Vad som är positivt är att det kommer att bli en nästa runda, och andra efter det. Men jag skulle hellre välja att leva här i ständig kamp än för att bli en del av det irrande judiska folket. Någon kompromiss kommer helt enkelt skynda på slutet. Som jag inte tänker berätta för mina barnbarn om den judiska staten under 1900-talet enbart som en kortvarig och övergående episod i tusentals år av vilse, jag har för avsikt att hålla på här med all min kraft."

Min Gud! Läste du dessa ord? Yonatan Netanyahu förbehöll genom sitt agerande en avundsvärd plats för sig själv i hjärtat av judar och nationen Israel för evigt. Han kommer att firas genom generationer. Efter hans död omdöptes "Operation Entebbe" till "Yonatan" i hans ära. Jonathan Institut, film, drama, böcker, monument har lagts upp för att hedra honom.

En stor uppoffring som du någonsin skulle hitta i våra soldater. Våra militära män lägger ständigt sina liv för att skydda oss och vår nation, och vi är skyldiga dem tacksamhet. Dessa anges av män och kvinnor respekteras, inte bara på grund av sina uniformer, rang eller vapen, men eftersom de ägnar sina liv till att tjäna andra. Och bibeln säger att det inte finns större kärlek, gåva, uppoffring än en människa ger sitt liv för andra. Och det är sant. Säg mig en bättre eller större uppoffring? Jesus fick största namn och plats eftersom han gav sitt liv för att rädda mänskligheten. Våra militära män och kvinnor förtjänar vår respekt och vår tacksamhet och uppmuntran alltid. De tar risker dagligen för att skydda oss och göra vår nation och världen säker.

Mitt sinne går snabbt till soldaten på semester i en av de europeiska länderna, han var i ett tåg när en terrorist, beväpnad med gevär och andra vapen plötsligt började attackera passagerare. Air Force flygare Spencer Stone sprang mot pistolskytten när han öppnade eld på hög hastighetståget till Paris med mer än 500 passagerare ombord. Han sprang tappert mot fienden utan något vapen och avväpnade honom. Inom några minuter var terroristen fullständigt avväpnad och undertryckt. USA och hela världen firade här en ung soldat. Jag tror att han fick en medalj av presidenten. Men det modet var en mycket stor risk och uppoffring. I stället för att titta på att hundratals passagerare skulle omkomma, bestämde han sig för att ta risken för hans eget liv. Han kunde ha blivit skjuten eller dödats. Tack gode Gud att han bara hade några skador.

Detta är den typ av uppoffring som våra militära män manifesterar dagligen. Alla våra tjänstgörande män och kvinnor förtjänar vårt beröm och vår respekt, men låt oss för brist på utrymme nämna en eller två fall där våra specialstyrkors operatörer uppvisa stora uppoffringar i samband med sin plikt. Och jag hoppas du vet att det finns flera verksamheter som gillar dessa som inte är och aldrig kommer att rapporteras. Sant.

Stephen Bass

Stephen Bass var en fanjunkare, en US Navy SEAL. Navy Seals är en del av örlog special krigsförings kommando. De och Delta Force utförde några av de svåraste och farligaste hemliga uppdrag, särskilda åtgärder för Förenta Staternas militär. De är välutbildade och välutrustade, hemlighetsfulla och mäktiga. Så, Stephen var medlem i gruppen men var knuten till den brittiska special båt tjänsten i Afghanistan. Han profilerade sig genom den typ av uppoffring han visade i strid som ordföranden för Förenta Staternas tilldelade örlogs kors. Det är bättre att vi läser hans citation direkt:

"För tjänstgöringen som anges i följande strecksats för extraordinärt hjältemod under tjänstgöring med brittisk special örlog tjänstgöring under striderna i norra Afghanistan den 25 och 26 november 2001. Fanjunkare Stephen Bass utplacerades i området som en medlem av en gemensam amerikansk och brittisk specialstyrka

hjälpstyrka till förläggning och återvinning av två saknade amerikanska medborgare, en antas vara allvarligt skadad eller död, som hårda al-Qaida och taliban fångar på Qala-jag-jangi fästning i Mazar-i-Sharif övermäktigade dem, och fick tillgång till stora mängder vapen och ammunition som förvarades vid fästningen. Väl inne, var fanjunkaren Bass inkopplad kontinuerligt genom direkt handeldvapens, indirekt granateld och raketdriven granat. Han var tvungen att gå genom en aktiv anti-personal minfält i syfte att vinna inträde till fortet. Efter att en möjlig plats för både amerikanska medborgare, i skottgluggen och utan oro för sin personliga säkerhet, han gjorde två försök att rädda den oskadda medborgaren genom att krypa mot fästningens för inre att nå honom. Tvingas dra *sig tillbaka på grund av stora volymer av eld faller på sin position, var han oförtrutet. Efter rapporteringen av hans ansträngningar till de kvarvarande medlemmarna av räddningsteamet, lämnade och försökte lokalisera den kvarvarande medborgaren utanför fästningen. När mörkret började falla, inget försök gjordes för att hitta de andra skadade amerikanska medborgare. Fanjunkare Bass tog då saken i egna händer. <u>Utan hänsyn till sin egen säkerhet, flyttade han fram ytterligare tre hundra till fyra hundra meter in i hjärtat av fästning av sig själv</u> under konstant fiendens eld i ett försök att hitta den skadade medborgare, med lite ammunition, utnyttjade han vapen från avlidna afghaner för att fortsätta hans räddnings försök. Vid kontroll av tillståndet och placeringen av den amerikanska medborgaren han drog från fästningen. Genom hans enastående visning av ett beslutsamt ledarskap; <u>obegränsat mod inför fienden skjutande och med yttersta hängivenhet till plikt,</u> fanjunkare Bass återspeglar mycket hedrande av honom och försvarar den högsta traditionen av enande örlog tjänst."*

Wow! En stor hjälte av stora uppoffringar! Den här killen vägrade att gå hem utan att befria hans landsmän. Läs det igen. Han var redo att ge sitt liv för dem. Och det är vad offret handlar om. Han fick en nationell ära, hela nationen firade honom. Ditt offer kommer alltid finnas och ära dig, även om det sker i hemlighet. Gud vakar och män tittar också på. Även om män glömmer, Gud gör det inte. Historien kommer att minnas dig. Och den viktigaste evighet kommer att vara snäll mot dig.

När jag skriver dessa ord, jag minns också den örlogsseglingen operatören som jag en gång såg i tjänst. Han var i ett team som skulle skydda en av dessa arabiska presidenter. Killen hade ett blödande sår på huvudet. Han tog bort hans skjorta och förband såret, men skyddade fortfarande presidenten, hållande geväret redo och hans slängkniv bunden till sin sida. Min Gud! Fastän han blödde våldsamt, måste jobbet göras! Presidenten måste skyddas till varje pris, även med sitt eget liv. Dessa fantastiska män av uppoffring! Denna bild har vägrat att gå ifrån mig sedan dess. Oavsett kostnaden jobbet måste göras. Oavsett risken uppdraget skall utföras. Vi måste sätta in allt för att nå vårt uppdrag. Jag hedrar våra tjänstgörande män och kvinnor! Jag anser att vi bör gå via de officiella trosbekännelser för dessa fantastiska mäns uppoffringar, så att vi bättre kan förstå hur de tänker eller vad de tror på. Den är full av åtaganden. Skall vi?

USA MARINSOLDAT BEKÄNNELSE

I tider av krig eller osäkerhet finns det en speciell sorts krigare redo att besvara våra folks samtal. En gemensam man med en ovanlig önskan att lyckas. Smidda av motgångar, står han vid sidan av USA:s bästa specialstyrkor för att tjäna sitt land, det amerikanska folket och skydda deras liv. Jag är en sådan man.

Min Treudd är en symbol för äran och arv. Skänkta till mig av hjältar som har gått före, den förkroppsligar det förtroende som jag har svurit att skydda. Genom att bära Treudden accepterar jag ansvaret för mitt valda yrke och min livsstil. Det är ett privilegium som jag måste tjäna varje dag.

Min lojalitet till landet och teamet är förebrådd. Jag tjänar ödmjukt som en förmyndare till mina amerikanska kollegor som alltid är redo att försvara de som inte kan försvara sig. Jag vill inte göra reklam för mitt arbete, och inte heller söka erkännande för mina handlingar. Jag accepterar frivilligt farorna av mitt yrke, placerad välfärd och säkerhet i andra före mig själv.

Jag tjänar med ära på slagfältet. Förmågan att styra mina känslor och mina handlingar, oavsett omständighet, sätter mig ifrån varandra. Kompromisslös integritet är min standard. Min karaktär och heder är orubblig. Mina ord är mina förpliktelser.

Vi förväntar oss att leda och ledas. I avsaknad av order tar jag ansvar, leder mina lagkamrater och utför uppdrag. Jag föregå med gott exempel i alla situationer.

Jag kommer aldrig att sluta. Jag framhärdar och trivs med motgångar. Mitt folk förväntar mig att vara fysiskt hårdare och mentalt starkare än mina fiender. Om jag slås ner, kommer jag att komma tillbaka, varje gång. Jag kommer att hämta all kvarvarande uns av styrka för att skydda mina lagkamrater och att utföra vårt uppdrag. Jag kommer aldrig lämna kampen.

Vi kräver disciplin. Vi förväntar oss innovation. Livet på mina lagkamrater och framgången av vårt uppdrag beror på mig - min tekniska skicklighet, taktisk skicklighet, och uppmärksamhet av detaljen. Min utbildning är aldrig komplett.

Vi tränar för krig och kämpar för att vinna. Jag är redo att ta de fulla spektra av stridsstyrka för att uppnå mina mål och de mål som fastställts av mitt land. Utförandet av mina arbetsuppgifter kommer att vara snabba och våldsamma när det krävs ännu vägledda av principer som jag tjänar till att försvara.

Modiga män kämpat och dött vid byggandet av stolt tradition och fruktade rykten som jag måste respektera. I de värsta förhållanden, i arvet av mina lagkamrater stagar jag min beslutsamhet och tyst guidas alla mina dåd. Jag kommer inte att misslyckas.

Wow! Det är en bekännelse av uppoffring. Ett löfte att tillägga i alla, förlora allt för att skydda andra, vårt land och vår civilisation. Dessa killar går utöver vad vi ser, känner för att skydda oss. De trampar på där även sprit är rädd att nå. Som någon sade, deras båtdelar når även där krokodiler är rädda för att gå i vattnet. Jag har sett klipp av några fallskärmshoppare som hoppat hundratals meter från planet och burit deras krigshundar och deras vapen. Medan andra föll i havet och sjöar från flygplan, även med tunga vapen. Stora män och kvinnor av uppoffring!

Kapitel 6

Jag skall bevara dig

Annan funktion av uppoffring är att den har makt att bevara. Den har befogenhet att skydda. Den har makten att vända saker till din fördel. Om du är en man av uppoffring, kommer det att bli svårt, om inte omöjligt att fullständigt besegra dig. Du kommer alltid att studsa tillbaka till dina fötter efter varje prov. En kraft som du kanske inte kan förklara kommer alltid att hålla dig tills du uppfyller Guds program för ditt liv. Detta händer alltid mig. Oavsett hur djup eller hemsk situation, ibland tro att skulle vara slutet; plötsligt kommer jag se mirakulös hjälp som kommer att dra mig ur situationen. Jag känner alltid igen det när det gäller. Om du alltid hjälper andra, hjälp kommer också alltid i din väg.

Jag kan aldrig fastna eftersom jag lever ett liv av uppoffringar. En man frågade mig häromdagen varför mitt liv är som en flod som inte kan stängas in. När jag slutat här, omdirigera jag till en annan rutt. Jag berättade för honom vad Gud. Min hemlighet är att jag alltid identifiera sig med andra. Jag känner andra och gör alltid mitt bästa för att hjälpa till i alla situationer. De som visar nåd, barmhärtighet kommer att få samma. Offer bevarar! Den skyddar. Det är Guds avundsjuka på dig. Det drar ner handen och välsignelsen från Gud. Gud kan skapa eller återskapa saker och situationer bara för att bevara dig, om du är en man av uppoffring.

Låt det bli regn!

När Gud ville återupprätta regn till Israel det kunde inte komma förrän efter offret på berget Karmel. Torkan hade varat mer än tre år - ingen dagg inget regn. Och vet du vad som menas i dessa dagar. Det är inte som nu att det kan vara andra vatten källor. Ni har i dag vattenreservoarer, borrhål och du kan även lägga rör flera kilometer från havet till städerna. Men i dessa dagar, strömmar, floder, sjöar skulle torka upp när det är lång period av torka. Så, det är alltid fruktansvärt, särskilt för länderna runt öknar. Föreställ dig nu vad Israels folk gick igenom.

Uppoffringar kan bryta oken av torkan. Om fysiska, andliga eller finansiell torka, när du lever ett uppoffringsliv, det är mystiska och plötsliga nåd som kommer att bryta det oket. Uppoffringar krossar oken av torkan. Efter att offra på berget Karmel,   kom Guds eld ned och de falska profeterna avlägsnades, sedan började Elias höra ljudet av ett skyfall. Och regnet kom!

"Då sade Elia till Ahab, "Gå och njut av en god måltid! Jag hör en väldig regnstorm komma!'... Och säkert nog, himlen blev snart svart av moln. En kraftig vind förde ett fruktansvärt skyfall och Ahab gick snabbt för Jezreel"

1 Kings 18:41, 45

När du gör rätt uppoffringar, regnet (välsignelser) kommer. Ja, Gud sände Elia att tillkännage kommande regn, men han ledde också Elia att utföra uppoffringar och rensning innan regnet kom. Det finns saker som du måste göra för att få välsignelse, Guds löfte i ditt liv och i din familj. Ja, Gud har givit dig alla dessa underbara löften, men du måste köra med dem. Du måste dra ned dem med dina handlingar och uppoffringar. Uppoffringar kommer att stimulera framföranden av välsignelser och löften från Gud i ditt liv. Vissa talar om det gudomliga löftet utan motsvarande uppoffringar. Men det fungerar inte på det sättet. Miljoner går i graven med sådana underbara löften som aldrig förverkligas. Löften går med uppoffringar. Gud ledde mig till att skriva, men jag har att betala priset genom att läsa, forska, lyssna och sitta flera timmar dagligen för att tillverka böcker. Ibland upp till sju timmar om dagen i flera månader. Sant. Ja, han lovade att använda ministeriet för att välsigna världen, men jag måste gå, arbeta för den faktiska installationstiden som lovades genom att göra lämpliga informationsflöden. Vi får diskutera mer om detta när vi talar om bön.

Betala dina avgifter

Elisha betalade sina avgifter innan de fick dubbelt så stor andel av sin herres invigning. Elijah hade sagt honom att stanna upp vid Gilgal men Elisha vägrade. Han berättade för honom att stanna upp vid Jeriko men Elisha vägrade. Han gick med Elijah till Jordanien, korsade floden och förblev fokuserade tills han fick vad han längtat efter. Men det var värt det. Du måste betala dina avgifter för att mottaga storhet. Du kan i dag i din egen Gilgal, Betel, Jeriko eller Jordanien. Det skulle vara ett hån mot eller svek mot "profeterna" i Betel och Jeriko. Vad det än är, måste du trycka på. Du måste betala dina avgifter för att få storhet. Elisha har betalat sina skatter och fick vad han ville ha. Offret är kraftfullt.

Bitterhet i sötma

Offret blir bitterhet i sötma. Om det finns bitterhet i ditt liv, då är det dags att leva ett liv av uppoffringar, för det har makt att ändra det. Efter Elisha fick axla manteln från Elijah, en av de första mirakel han utförde var vid Jeriko. Vattnet i Jeriko blev förbannat. Det orsakade dödsfall och sterilitet hos invånarna och det tog en uppoffring för att förändra situationen. Se:

"Nu ledarna i staden Jeriko besökte Elisha, "Vi har ett problem, min herre", berättade de för honom. "Denna stad ligger i natursköna omgivningar, som du kan se. Men vattnet är dåligt och jorden är improduktiv. Elisha sade, "Ge mig en ny skål med salt i". Så gav de den till honom. Därefter gick han ut till källan som levererade staden vatten och kastade salt i den. Och han sade: "Detta är vad HERREN säger: Jag har gjort detta vatten hälsosamt. Det

**kommer inte längre att orsaka dödsfall eller infertilitet".
Och nog! Vattnet har varit nyttigt alltsedan, precis som
Elisha sade"**

2 Kings 2: 19-22

Denna uppoffring (Profetiska akt) bröt omedelbart förbannelsen och vattnet var läkt. Död och infertilitet var borta! Ingen förbannelse av något slag kan hålla liv i en människa av uppoffring. Detta var inte den första förbannelsen i Jeriko. Du kommer ihåg Joshua fördömde det. Han sade att alla som vill återuppbygga staden kommer att betala med sina barns huvuden och det hände precis som han sagt. Den man som senare byggde om det förlorade faktiskt sina söner i processen. I själva verket har han begravt sin sista son när han avslutade projektet. Men den här gången, om det förbannade vatten, så betalades rätt offer och staden blev frisläppt från förbannelsen.

Några av oss är också vackert, strategiskt placerade och anslutna gillar staden Jeriko, men inget bra som händer i våra liv. Det är bara döden, utan produktivitet, förbannelse, misslyckande, ånger, lidanden, avslag, besvikelser, etc. nu är det dags att leva uppoffrande och du kommer att se de förbannelser som brutit bort från ditt liv. Varje förbannelse svarar till offring. Och jag hoppas att varje förbannelse i ditt liv kommer att bryta idag i Jesu Kristi namn! Vänligen, få min bok *"Bryt generationsförbannelser: Hävda din frihet"*. Det är ett mästerverk på frågor av förbannelser och deras lösningar.

Kom och ät

Människor har förändrat deras liv, öden genom att intressera sig för andra människors behov. Abraham gjorde det och nu tar en kvinna avstamp från honom. Du kommer ihåg Shunamite kvinnan? Kvinnan som uppmanade Elisha att komma och äta mat i hennes hus. Efter den första inbjudan, skulle alltid gudsmannen stanna där för att äta och vila. Så kvinnan med hennes man beslutade att lämna och ägna ett rum för att profetera. En av de dagar som profeten och hans tjänare var på besök, Elisha genom sin tjänare Gehasi frågade kvinnan vad de kunde göra för henne. Gud söker alltid efter vad du kan göra för en man/kvinna av uppoffring. Har du lagt märke till det? När du är ute med dina bästa för Gud och mänskligheten, himlen blir också upptaget och ur dess väg som söker efter en väg att överraska dig.

Detta rik kvinna avböjde erbjudandet, insisterar på att hon har allt hon behövde. Men Elisa kunde inte vila förrän han har välsignat henne. Bara lyssna på detta:

"Senare Elisa bad Gehasi, "Vad tycker du vi kan göra för henne?" Han föreslog, att han inte har en son, och hennes man är gammal. <u>"Ringa henne tillbaka igen", Elisa sade till honom. När kvinnan tillbaka, Elisa sade till henne som hon stod i dörröppningen, "Nästa år vid denna tid du kommer att hålla en son i din arm!"</u>.

2 Kings 4:14-16

Wow! Kvinnan bad aldrig om detta. Det är effekten av uppoffring. Det har förmågan att fjädra upp gudomliga överraskningar. När hon var bjöd in en utomstående att komma och äta. Hon hade inte förväntat sig detta. När hon möblerade en permanent plats för profeten och tog mycket bra hand om honom, visste hon inte att hon omedvetet gör väg för Gud att överraska henne. Uppoffringar är kraftfulla! Det var en uppoffring att ha bjudit in mannen av Gud och hans tjänare i hennes hus och givit dem mat. Det var en större uppoffring för henne att ha gjort ett permanent rum, välutrustat för Elisha. Och om du ser på det kontot, kvinnan förväntar sig inte någon form av avkastning eller uppskattning på något sätt. Det såg ut som att generositet var hennes liv. Sant. Och tacka Gud för den typ av make hon hade. Han omedelbart samtyckte med hennes förslag att göra en plats för Elisha. Några män vill inte. Och några fruar vill inte. Vissa makar skulle misstänka något. Eller känna sig obekväm att husera och ge omtanke till en främling i gudsnamn eller något liknande. Men denna underbara man omedelbart enig. Andlighet!

Nu skulle dessa uppoffringar inte gå obelönade av Gud. Genom det kommande året skulle de bära en baby! En son! Och det hände precis som HERRENS tjänare sade. Prisa Gud! Gud gick utöver deras förväntningar. De trodde aldrig att de skulle ha en son på sin ålderdom. De har resignerade sitt öde. Det finns saker du aldrig trott att det skulle hända dig i detta livet, jag ser att Gud förvånar dig idag med dem i de väldiga i Jesu namn! Mata andra även främlingar. Bekläd andra, ge andra husrum, gör ditt bästa för att trösta andra och du kommer att se gud som en överraskning.   Uppoffringar har förmågan att ge liv åt överraskningar.

Ge mig en garanti

Jag tror inte att det är ett bättre exempel på uppoffringar och kraften i det än berättelsen om Rahab i Jeriko. Ni kommer ihåg när Josua sände två män att gå och spionera i Jeriko och markerna runt Jordan. Denna fantastiska kvinna riskerade sitt liv mot naturlig instinkt, mot normer, för att säkra livet på spioner. Har du någonsin frågat dig själv vad som skulle ha hänt henne och hennes familj om kungen eller hans säkerhetsmän hade funnit de israeliska spioner som gömde sig på hennes tak? Det skulle ha varit katastrofalt. Att gömma män som kom för att förstöra din nation? Ingen makthavare, ingen regering kommer att tolerera detta. Det är ett förrädiskt brott hur som helst när som helst. Och de flesta regeringar kommer att döda dig eller ge dig livstids fängelsestraff. Sant.

Rahab visste allt detta och konsekvenserna av hennes agerande, men beslutade att följa ledande av Gud. Hon visste vad hon bekände till spionerna som Gud hade givit Israel seger över Jeriko. Hon ville stå där Gud stod. Och hennes insatser garanteras hennes säkerhet med hennes familj. Offra garanterade hennes säkerhet. Det garanterar säkerheten för din familj och relationer. Gud sade att han kommer att spara dig och ditt hushåll. Offer garanterar dina välsignelser och ditt bevarande. När andra dör, kommer du att bevaras. När andra förstörs, kommer du att undantas. Det var precis vad som hände med prostituerade som sätter sitt liv på att spara Guds folk. Låt oss läsa:

"Nu lova mig av Herren att du kommer vara snäll mot mig och min familj eftersom jag har hjälpt dig. Ge mig en garanti att när Jeriko är erövrat, låter du mig leva tillsammans med min fader och min moder, mina bröder och systrar, och alla deras familjer"

Vi erbjuder våra egna liv som en garanti för din säkerhet; männen enades "Om du inte sviker oss, kommer vi att hålla vårt löfte när HERREN giver oss landet..... Innan de lämnade männen sade de till henne: "vi kan garantera er säkerhet endast om du lämnar detta röda rep hängande från fönstret. Och alla dina familjemedlemmar - din far, mor, bröder och dina släktingar skall vara här inne i huset."

Josua 2:12-18

Jeriko kommer att bli helt förstört, men skökan Rahab och hennes familj och alla hennes förbindelser kommer att bevaras på grund av offret, risken hon tog genom att bevara dessa spioner. Och det löftet garanteras genom en ed! Ja, män/kvinnor offrar och deras familjer är alltid bevarade genom gudomliga instruktioner. På grund av de saker du behöver kommer Gud alltid att instruera sina änglar att guida, skydda och bevara dig och din familj. Och det är ett löfte! Han sade att han har svurit att skydda och välsigna dig. Inte bara att Rahab och hennes familj skulle bibehållas, hon blev senare förfadern till Messias.

Läs genealogi av Jesus Kristus, och du kommer att se hennes namn.

Dit du går vill ock jag gå

Samma sak med Rut, hon var salig på grund av hennes offer. Även när Noomi, hennes mor välsignade henne och berättade för henne att åka tillbaka hem efter makens död, Ruth vägrade. Även när Orpah sam-hustrun gick hem och Noomi övertalade Ruth igen att gå, men hon sade nej. Lyssna på henne!

"Men Rut svarade: "o inte be mig att lämna dig och vända tillbaka. Jag går vart du än går och bor där du bor. Ditt folk är mitt folk, och din Gud är min Gud. Jag kommer att dö om du dör och bli begraven där. Må Herren straffa mig hårt om jag tillåter något förutom döden att separera oss!"

Ruth 1:17

Min Gud! Detta är den största lojalitet som någonsin har noterats i mänsklighetens historia. Sant. Och därför är också messias vald att komma ut ur denna fantastiska kvinna. Jesus Kristus! Det här är typen Jesus vill berätta om att du inte ens kan hitta Israel. Titta på tro och offer i denna moabit unga dam. Jag visste att även änglarna och hela himlen stod still när denna stora lady utgav dessa odödliga ord. Jag kan känna hur Gud nickar i himmelen erkännande denna uppoffring och förordar att hans enfödde Son, Messias borde passera genom linjen av denna extraordinära kvinna Ruth. Jag önskar att du kunde se tårar från mina ögon som skrivit ner dessa ord. De var levande och gripande!

Hennes make är död, hon är fortfarande ung, hon har ingen svåger väntande och hon insisterar på att resa dit där hon inte har varit förut för att gå och leva eller dö med hennes svärmor? Wow! Nigerianer kan berätta att "det här har ingen del två! Även när Naomi beklagade sig för kvinnorna och människorna i Betlehem om hur bittert hennes liv har blivit och om allt hon lidit, Ruth var vid hennes sida. Må Gud ge dig en "Ruth" i Jesu namn!

Nu har Gud ordnat en större välsignelse för Ruth. Hennes offer måste belönas. Du vet att den här typen av kompromisser alltid kommer att locka de stora och mirakulösa svar från himmelen. Titta på anslutningen och favorisera vad Gud gav henne inför de mycket rika män som kallas Boas. Mannen hade redan hört talas om Ruths kärlek och mod gentemot Naomi. Männen kommer att få höra om dina offer, de kommer att bekräfta ditt tålamod och gynna dig. Då sade Boas till Ruth,

"Ja, jag vet", Boas svarade "men jag vet också om kärleken och vänligheten ni visat er svärmoder efter er mans död. Jag har hört hur du lämnade din fader och din moder och ditt eget land för "att leva här bland främmande människor. Må Herren, Israels Gud, under vars vingar du har kommit, för att finna tillflykt belöna dig helt"

Ruth 2:11-12

Denna mycket rika, intelligenta och gudomliga Boas gift sig senare ned Ruth. Hon födde en son som heter Obed som fader till Jesse och farfar till David. Detta är vad en uppoffring kan göra. Den bereder väg för dig.

<h2 style="text-align:center"><u>Kapitel sju</u></h2>

<h3 style="text-align:center">Anrättning av sista måltiden</h3>

Vad skall vi säga om änkan i Zarephath? Elisha bad henne att först ge honom från hennes sista måltid. Jag menar vad hon höll för sig själv och hennes son, så att efter att ha ätit skulle båda att dö. Det var sista måltiden. Och någon kommer och säga att du ska ge ut den. Vad tycker du? Denna kvinna lydde men resultatet blev något annat. Naturligtvis var detta en av de största uppoffringar i bibeln. Sant. Eller visa mig en större. Det var som att ge till någon sitt sista hopp, ditt liv. Kan vi läsa denna mycket intressanta registrering?

"Så han åkte till Zarephath. När han anlände till portarna i byn, såg han en änka samla ihop ved och han frågade henne, "Vill du ge mig en kopp vatten?" När hon nu gick för att hämta det, ropade han efter henne, "Ge mig en bit av ditt bröd också." Men hon sade: "Jag svär vid HERREN, din Gud, att jag inte har en enda bit bröd i huset. Och jag har bara en handfull mjöl kvar i behållaren och lite matolja i botten på en kanna. Jag samlade bara några pinnar för att laga denna sista måltid och sedan kommer min son och jag att dö".

Men Elijah sade till henne: "o inte rädd! Gå och tillaga den sista måltiden, men baka mig en liten brödlimpa först. Efteråt kommer det fortfarande att finnas tillräckligt med mat för dig och din son. Ty så säger HERREN, Israels Gud, säger: Det kommer alltid att finnas massor av mjöl och olja kvar i din behållare tills den tid kommer, då HERREN låter det regna och grödorna växer igen."

1 Kings 17:10-14

Min Gud! Jag älskar att tjäna detta Israels Gud. Hans vägar är verkligen mystiska. Det fattiga, på-väg-att-dö änka trotsar all logik, mänskliga och naturliga instinkter och fakta, och lyssnade till Gud genom ordet av profeten. Och vad blev resultatet? Hon hade mer än tillräckligt att äta med hennes son tills regnen och grödorna kom tillbaka igen! Det finns kraft i offret. Men hon tog den största risken för hennes liv. Offer garanterar dig massor, ditt mirakel, din framtid och dina multiplikationstabeller. Du kan inte nå nivån av denna kvinnas uppoffring utan att framkalla en enorm gudomlig frisättning av överflöd på dig själv. Även denna typ av offer väcker de döda. Titta på vad som senare hänt när denna kvinnas son dog. Denna uppoffring väckte också upp honom. Ja!

"En tid senare blev kvinnans son sjuk. Han blev värre och värre, och slutligen dog han. Hon sade till Elijah: "Du gudsman, vad har du gjort mot mig? Har du kommit hit för att straffa mina synder genom att döda min son?" Men Elijah svarade "Ge mig din son." Och han tog pojkens kropp från henne, förde honom upp till övre rummet, där han bodde och lade hans kropp på hans säng. Och Elijah

ropade till HERREN, "HERRE, min Gud, varför har du då
fört tragedi på denna änka som öppnade sitt hem för mig,
som orsakar hennes son att dö?"

**Han lutade sig ut över gossen tre gånger och ropade till
HERREN, "HERRE, min Gud, låt denna gosses själ komma
tillbaka till honom".** Herren hörde Elijahs bön och barnets
liv återvände och han kom tillbaka till livet! Och Elijah
förde honom ned från det övre rummet och gav honom till
hans moder. "Se, din son lever! Han sade".

1 Kings 17:17-24

När du ger din "sista måltiden" till Gud eller för
mänskligheten, förvänta dig inte bara miraklet av multiplikation,
men visitationen av uppståndelsen. Och inte bara uppståndelsen
av döda kroppar utan även återupplivning av döda saker i ditt
liv, din familj och din omgivning. Och i dag, hoppas jag att alla
de döda drömmar, visioner, förväntningar, anslutningar och
avtal kring dig uppstår igen i Jesu Kristi namn! Varje död
situation och ambition, förhållandet i ditt liv skall uppstå från

denna stund i Jesu namn! Det förlorade hoppet kommer tillbaka levande! Få den i Jesu namn!

Denna kvinna tog högsta risknivå, att sätta hennes liv och hennes son på linjen, men visste inte att hon var på väg att utlösa vad hon aldrig skulle kunna förklara i hennes liv. Du vet att det finns mirakel som alltid lämnar dig omtumlad under en mycket lång tid? Gud vill alltid slå vår fantasi och förväntningarna i denna typ av situation. Det finns saker som Gud säger till dig. De ser alltför riskabla ut, men om du är säker på att han är den enda som säger att göra det, och gör dig redo för vad som kommer att följa. Ja, gör dig redo för en mirakulöst bang! Nu laga den sista måltiden!

Några limpor och lite fisk

Jag beundrar de uppoffringar av en ung pojke som "hjälpt" Jesus att utföra mirakel utfodring till tusentals människor i Johannes kapitel sex. Han hade valet av släppa poster eller att vägra. Men han gärna, utan argument gav bara fem kornbröd och två fiskar som han hade med sig. Jag tror att pojken visste vad han gjorde. Efter alla, fick vi höra att publiken följde Jesus till kullen på grund av de många mirakel, tecken och under som han gjorde. Efter det miraklet, fick vi veta att tolv korgar kvarstod och vem tror du kommer att bära dem? Pojken naturligtvis! Jag vet att du kommer att gilla hur händelsen slutade, om jag får be, om du var pojke, vill du ha det som ni hade?? Det är alltid ett mirakel av multiplikation som går med offer, speciellt när du ger dig på "sista måltiden". Sant.

När Simon Petrus släppte sin båt till Jesus för ministeriet var det samma historia. Han senare hade en nät-brytare fångst. Det var efter ett fruktlöst fiske föregående natt. De hade arbetat hårt hela natten utan en enda fisk. Men omedelbart, gav han ut det enda han kunde skryta av, mirakel kom. Han gav Jesus det bästa han hade eller berätta för mig vilka andra saker en lokal fiskare kommer att ha annat än hans båt och hans nät. Det som ges skall ges, ännu mer än de någonsin kunnat föreställa sig. Offer ger nät-brytare mirakel! När du ger offring, ger du bort din frustration, sjukdom, fattigdom, död, begränsningar etc. Sant. I Zarephath gav kvinnan bort hopplöshet, fattigdom och död. Shunamite kvinna gav ut ofruktsamhet. Den unga pojken gav bort fattigdomen. Och Simon Petrus gav bort frustrationer, träl och brist. Nu, vad vill du ge bort i ditt liv? Vad är det du inte gillar i ditt liv? Ge bort det genom att ge till Gud och mänskligheten ditt bästa.

Jag älskar detta. Du kan göra det till en livsstil och inte bara en händelse. Ja, gör det en daglig angelägenhet. Genom Guds nåd försöker jag göra detta. Jag känner mig väldigt obekväm ser behov överallt och inte gör något för att hjälpa till. Varje dag tänker jag på olika sätt att hjälpa andra. Och jag har badat i Guds bestämmelse och skydd. Vi har alla något att erbjuda någon varje dag. Sant. Det är kanske inte stor, men den lilla saken kommer att göra skillnad. Nyligen, kallade någon på mig och gav mig lämnar en donation. Jag hade knappt fått pengarna när min telefon ringde och det var min pastor vän som ville besöka sin dotter i skolan i en annan medlemsstat. Han hade inga pengar att resa. Nu behövde jag inte tänka eller be om det, jag visste omedelbart att Gud ville att jag skulle ge honom pengar. Jag bad honom att komma snabbt och plocka upp dem. Vi måste vara öppna och flexibla för Gud. Vi måste veta att vi bara är vårdnadshavare, kanaler för att föra Guds välsignelser till andra, särskilt människor i nöd. Det är möjligt att Gud ordnade den speciella donationen, bara på grund av pastorn. Ja! Det var inte mina pengar, men hans. De bara passerade genom mina händer. Jag ser ofta denna typ av situation. Snälla, låt oss tillåta Gud att vara med oss.

Andra

Det finns fortfarande andra som levt ett liv av uppoffringar och lockat så mycket välsignelser och godkännande från Gud och män men tid och rum kommer inte att tillåta oss att ta med dem här. Men låt mig nämna moder Deborah i Israel. Hon var inte tänkt att gå till krig med israelitiska soldater som kvinna, men eftersom Barak vägrade att gå utan henne, matchades hon mot fiendens armé med resten av guds soldater. Och Israel segrade. En kvinna? En utmärkt en! Jag älskar att strofa låten de sjöng efter segern:

"Det fanns några människor kvar i byarna i Israel - tills Deborah uppstod som en mor för Israel"   domare 5:7

Och vad säger du om Josef? Även om han visste att hans bröder hatade honom, tog han fortfarande risken av att gå in i skogen för att ge dem mat. Vid Potiphars hus, vägrade han att leva i synd eller bevilja kvinnans omoraliska förfrågningar och förskott, att avskedas föredrogs eller att gå i fängelse. Lyssna på honom.

"Så Potiphar gav Josef hela administrationens ansvar över allt han ägde. Med Josef, ville han inte ha ett bekymmer i världen, förutom att bestämma vad han ville äta. Josef var mycket snygg och välbyggd ung man, och om denna tid, Potiphars hustru började bjuda in honom och uppmuntrade honom att sova med henne. Men Josef vägrade. "Titta!" Han berättade för henne, 'min mästare litar på mig med allt i hela hans hushåll. Ingen här har mer makt än jag! Han har inte hållit tillbaka någonting från mig utom du, eftersom du är hans hustru. Hur kunde jag någonsin göra sådant ont? Det skulle vara en stor synd mot Gud".

Första Moseboken 39:6-9

Det här är livet hos en människa av uppoffring. Den här killen vägrade att bli lockad till att synda. Trots att han visste vilka konsekvenserna var, stod han stadigt till slut. Han var orättvist bestraffad men han brydde sig inte. Han kastades till slut i fängelse, men kraften bakom offret, den store Guden av Israel manövrerade situationen räddades och förde honom till palatset. Från fängelse till palats! Det är kraften av offret. Gud kommer aldrig att ignorera de risker du tar i hans namn. Han svek dem inte som förtröstade honom. Josef tog den risken i hans namn, och han kom att belöna offret.

Den stora Moses var en stor man av uppoffring. När Gud ville spola bort hela Israel och upprätta Moses och hans ättlingar, vägrade mannen. Han började predika för Gud och ens föredrog att hans eget namn skulle tas bort. Han har utstått så mycket från de envisa israeliterna. Och tyvärr nådde han slutligen inte in i Kanaans land, på grund av deras hädelser. Moses var en man av uppoffring och detta gjorde honom omtyckt av Gud. Kom ihåg att han sade att alla andra profeter, talade han till i deras drömmar och i visioner, men Moses talade han med ansikte mot ansikte.

Det fanns även andra som Moses och detta verkligen märkte dem ut. De älskade sitt folk och var redo att dö för dem. När Gud straffade Israel på grund av in- och utskrivningskatalogen, bönföll David honom att lämna Israel ifred och istället straffa honom, eftersom han är den enda som förtjänar straff. När Josephs bröder beklagade hur de behandlats och sålde Josef, sa han till dem att inte oroa sig, eftersom det var Gud som sände honom framför dem till Egypten för att bevara deras liv. När Jesus hängde på korset, med alla smärtor, hån och på randen av att ge upp, bönföll han Gud att förlåta hans mördare eftersom de inte visste vad de gjorde. Dessa fantastiska människor! De tillät inte vad de gick igenom genom att snedvrida deras vision, mission och kärlek till sitt folk. De var fokuserade. Titta bortom den situationen. Moses, David, Josef, Jesus var av deras egen klass. Och du kan bli som dem.

Kapitel 8

Kraften att rädda

Den största offringen genom tiderna är det som gjordes av Jesus Kristus för försoning av mänskligheten. Bibeln gjorde klart att Jesus var Gud, som kom till jorden i mänsklig form så att han kunde perfekt inlösen. Det är han som avsatte sin härlighet, hans majestät, Hans fullkomlighet att bli människa. Han gick igenom alla förödmjukelser, missbruk, förnekande, svek, värk, misshandel, piercing och skamligt hängande och tortyr. Han uthärdade dem alla. Även när Peter ville försvara honom med ett svärd, berättade han för honom att ställa tillbaka det om han ville kämpa, han kunde lätt ha bett Gud att sända legioner (tusental) av änglar att kämpa för honom. Och du vet att bara en angel dödade omkring 85.000 människor på en dag i bibeln. Och jag vet att Jesu fiender inte kunde ha varit upp till 85.000. Det innebär att om tusentals änglar kom för att försvara Jesus kunde de helt enkelt ha utplånat hela jorden. Sant. Men han vägrade att göra det, utan han valde att hålla sig lugn och fokuserad på uppgiften.

Jesus var fantastisk och ännu inte jämställd. Föreställ er att det gudomliga kom genom okända Maria och Josef, när judarna väntade på honom att födas i palatset. Han valde ledaren - med allt bräkande, stinkande, skräp och förflyttningar av djur. Det är därför de flesta av judarna vägrade att acceptera honom ända till idag. Hur skulle deras utlovade messias, judarnas konung komma igenom ett sådant osannolikt "oroliga" process? Frågade de.

Han växte upp som alla andra barn. Och när han började ämbetet, associerade han med de fattiga av de fattigaste, syndare, sjuka och de spetälska (oren), prostituerade, skattesamlare, galningar, de utstötta, etc. Och helvetet var lössläppt, eftersom mannen som påstod att deras messias var nu boende i motsats till vad de kände och anade från deras frälsare. "Verkligen, det kan inte vara vår konung, han är en bedragare", sa de själva. Och de började konspirera hur de skulle mörda honom.

Även före Judas, förrådde en av hans apostlar honom, han visste redan att det skulle hända. Han berättade för dem, men gjorde ingenting särskilt att avråda honom eller störa planen. Varför? Han hade redan beslutat att fastställa sitt liv och vill inte förändra något för att stoppa den. Nu, titta på vad som hände när soldaterna kom för att arrestera honom.

"Jesus insåg helt hur det skulle gå med honom. Kliv fram för att uppfylla dem, frågade han, "Vem söker du?" "Jesus från Nasaret" Svarade de. "Jag är han", sade Jesus. Jesus identifierade sig själv. Och han sade: "Jag är han", <u>de föll alla bakåt till marken!"</u>

John 18:4-6

Kan du se vad som hände här? Om Jesus inte gärna lämnade över sig själv till dem, skulle det ha varit helt omöjligt att arrestera honom, för att inte tala om att döda honom. Han identifierade omedvetet sitt gudomliga "jag är", och genast visade sin sanna natur upp sig och bataljonen av romerska soldater och tempel vakter med alla sina vapen, lanternor och flammande facklor föll till marken. Min Gud! De föll alla eftersom en dödlig inte kan arrestera en odödlig. De skapade eller skapande kan inte arrestera skaparen. Men Jesus kom snabbt ihåg hans uppdrag, lade undan gudomligheten och överlämnade sig själv till männen. Han gjorde allt han kunde för att de skulle ta bort honom enligt den gudomliga planen. Offra!

Folk kunde inte tro att en sådan mycket kraftfull man som påstod sig vara Messias, som gjorde de stora tecknen och undren, inklusive resning av döda män kunde vara så lätt att arrestera och förödmjukas. Så, de övergav honom. Folkmassan lämnade honom och hans lärjungar försvann. Den modige Peter som kom långt bakom förnekade också senare honom helt. Stora män av uppoffring springer inte iväg från sitt uppdrag även när de står ensamma. De fortsätter ända till slutet. Tills de utfört sina uppdrag. Lyssna på detta:

"Under tiden, alla hans lärjungar övergav honom och skyndade bort. Det var en yngling som följde bakom, klädd i natt tröja av linne. När folkmassan försökte att gripa honom, Slet av sig sina kläder, men han undkom och körde undan dem naken. Jesus ledde till översteprästens hem där de ledande prästerna, andra ledare och lärare av religiöst slag hade samlats. Samtidigt, Peter som följt långt bakom och sedan halkat in i portarna till översteprästens gård. En stund satt han med vakterna och värmde sig vid elden.

"Under tiden, var Peter lägre in på gården. Ett av hembiträdena som arbetade för översteprästen såg att Peter värmde sig vid elden, såg hon på honom och sade: "Du är en av dem som var med Jesus, Nazareth" Petrus förnekade det. "Jag vet inte vad du talar om", sade han, och han gick ut genom entrén. Strax därefter, en tupp gal"

Mark 14:50-54, 66-68

Ja, även när alla har gått, offrar sig en man att flytta i förväg, ensam. Jesus såg allt och gick ändå vidare. Vid prövningarna, var han också missbrukad, hånad, piskad, falskeligen anklagade, förnedrad och dömdes till döden. Han blev korsfäst, genomborrad och hängd på korset. Allt detta var gjort med honom av samma människor som han kom att spara. Faktum är vid rättegången av judar föredrog en brottsling istället för honom. Han hängdes på korset mellan två dömda tjuvar. Alla övergav honom och de enda kvinnorna som kom lite närmre observerade honom på avstånd och han dog! Men det var inte slut med detta. Titta på vad följt denna stora uppoffring.

"Vid lunchtid, mörkret föll över hela landet förrän klockan tre. Vid ca klockan tre, Jesus ropade med hög röst, *Eli, Eli, lema lema sabachtani*? Vilket betyder 'Min Gud, min Gud, varför har du övergivit mig?...

"Jesus ropade ut igen, och han gav upp andan. I det ögonblicket revs gardinen i templet i två, från topp till botten. Jorden skakade, klippor rämnade isär och gravarna öppnades. De organ som av många fromma män och kvinnor som hade dött hade uppväckts från de döda efter

Jesu uppståndelse. De lämnade kyrkogårdarna, gick in i den heliga staden Jerusalem, och visade sig för många människor. Den romerska officeren och de andra soldaterna vid korsfästelsen var livrädda för jordbävningen och allt som hade hänt. <u>De sade, "Sannerligen, detta var Guds Son!"</u>

Matteus 27:45-46, 50-54

Kraftfull! De största uppoffringar som någonsin har gjorts, och det skulle inte gå obemärkt förbi. Himmelen och jorden darrade och darrade. Jesus hade för alltid betalat priset för synden. Han hade helt frivilligt överlämnat sig själv till att avlivas så att vi kommer att leva. Han begravdes, men något nytt hänt.

Den tredje dagen

Efter Jesus begravdes, det var svårt för de krafterna i graven för att hålla honom. Det är en gudomlig energi som omger en man/kvinna av uppoffring som gör det svårt för dem att hållas ned genom någon kraft eller glömmas bort. Jag har alltid erfarit detta, så jag vet. När Kristus begravdes var det förvirring, rastlöshet i dödsriket och helvetet. Faktum är, att titta på vad som hände när han andades senast - fick vi veta att graven började spricka i Jerusalem, så du kan tänka på vad som hände när han småningom var satt i graven. Det finns kraft i offret. När jag skriver detta mitt sinne vände tillbaka till Josef. Du kommer ihåg hur samma kraft som belägrade honom och förde honom ut ur den djupa, farliga, mörka, fängelsehålan. Återigen titta på hur denna samma kraft släppte Lazarus från graven efter fyra dagar. Det är samma effekt som bröt kedjor och porten till fängelset och förde ut Petrus, Paulus och Silas. Ingenting kan binda en man offrar inte ens befogenheterna av graven. Prisa Gud!

Varje man eller kvinna av uppoffring har en "tredje dag". En övergång, en dag av uppståndelsen, ett ögonblick av härlighet. Jesus blev begravd, omgiven och vaktas av utbildad och välutrustade soldater, men på tredje dagen blev det en stor jorden skalv som kastade av soldaterna och stenarna över graven. Ingenting kunde stoppa honom från att komma ut. Och när du läser det här meddelandet är maktuppståndelse kommen över dig och ingenting skall kunna stoppa din version och ditt uttryck i de väldiga i Jesu namn! Läs detta:

"Tidigt på söndag morgon, ny dag var gryning, Maria Magdalena och den andra Maria gick ut för att se graven. Plötsligt blev det en stor jordbävning, ty <u>en Herrens ängel steg ned från himmelen och rullade undan stenen</u> och satte

sig på den. Hans ansikte sken såsom en ljungeld, och hans kläder voro vita såsom snö. Vakterna chockades med rädsla när de såg honom, och de föll i en svag död. Sedan sade ängeln till kvinnorna var inte rädd! Han sade, "Jag vet att ni söker Jesus, som blev korsfäst. Han är inte här! Han har höjts form de döda."

Matteus 28:1-6

Prisa Gud! Det är den effekten av uppoffring! Varje sten som blockerar din väg i dag skall vara bortvältrad från samma ängel i Jesu namn! Om de inte kunde hålla Jesus, då ingen ström heller kan vara kapabla att binda dig. Om du njuter av behandlingen och kraften kommer tillbaka från denna bok? När jag skriver tycker jag det över mig. Skriv och dela med dig av dina vittnesbörd med mig. Gabrielagbo@yahoo.com Tel: +234-8037113283

Låt oss gå över till nästa kapitel.

Kapitel 9

Lovsång, bön och fasta

Här, vill vi beröra lovsång, bön och fasta som instrument för offret. Det är inte bara när du ger påtagliga monetära erbjudanden som du offrar. Nej. När du ber, när du fastar och när du lovprisar Gud, erbjuder du andlig offer. Och den kan vara så kraftfull att den åstadkommer bra resultat. Låt oss börja med lovpris.

Lovpris

De flesta stora män och kvinnor i bibeln var personer som lovprisades. Du kan inte gå för långt med Gud utan att lära att lova, gudstjänst är en oskiljaktig del av vår relation med honom. Faktum är, beröm är som mat till honom. Det är bränslet som driver vår relation med honom. Jag har ännu inte sett en människa av lovpris som är ett misslyckande. Sant. Jag menar inte bara en bra sångare eller sångförfattare, men en man eller kvinna med ett djupt, tacksamt hjärta för Gud. Det finns en stor skillnad mellan att lära sig sånger, med en bra röst och dyrka Gud, från djupet av sitt hjärta. Jag tror att det är vad psalmisten menade när han sade att vi **lovsjunga honom med förståelse.** Vi måste känna den person vi hyllar, vi måste uppleva honom och det måste vara en eruption av vår tacksamhet, en återspegling av våra förbindelser med honom. Sant.

Varje gång du vill diskutera lovpris, är det alltid frestande att börja med mästaren av lovpris - David. Jag tror inte att det finns någon levande eller död som har provat denna fantastiska människa i denna aspekt av tillbedjan. Det är inte för ingenting som Gud älskade honom så mycket att han kallade honom *en man efter mitt hjärta.* Från en liten pojke, behärskar han instrumenten; han bemästrat det rätta ordet, och utvecklat hjärta av tacksamhet. Han visste att Gud var allt för honom. Han gick igenom faror och risker, *skuggor av död* och såg den råa Guds hand, skydda, leverera och ge honom. Och han fortsatte i denna nåd, att klättra på stegen. Så David behöver ingen att övertyga honom att lovprisa Gud. Det kom naturligt från djupet av sitt hjärta. David var en regel, en lag, ett måste, ett sätt att leva. Eller vad som skulle göra en mans röst av dessa ord:

"Jag kommer att tacka dig, HERRE av allt mitt hjärta; jag vill förtälja alla de fantastiska saker som du har gjort. Jag fylls med glädje på grund av dig. Jag skall lovsjunga ditt namn, du den Högste... "Sjung lövsågen Herren regerar i Jerusalem. Berätta för världen om hans oförglömliga handling."

Psalm 9:1-2, 11

"Vi prisar dig, HERRE, för all din härliga kraft. Med musik och undertecknande firar vi dina väldiga gärningar."

Psalm 21:13

"**Herren är min styrka, min sköld från alla faror. Jag hoppas av hela mitt hjärta. Han hjälper mig och mitt hjärta fylls med glädje. <u>Jag brister ut i sång av tacksägelse</u>**"

Psalm 28:7

Och nu titta på nästa. Den vill dessutom berätta för dig hur djup den här mannen - David är. En stor man av beröm! Läste just detta:

"**De fromma sjunger med jubel till HERREN, för det är bara att tacka honom. Lova HERREN med melodier på lyra; göra musik för honom till tiosträngad harpa. Sjunga nya lovsånger till honom, leka skickligt på harpan och sjunga med glädje. För HERRENS ord och allt han gör är värt vårt förtroende. Han älskar vad som är rättvist och gott, och hans osvikliga kärlek fyller jorden.**

"Herren bara talade, och himmelen har skapats. Han andades ordet och alla stjärnor har fötts. Han gav havet dess gränser och låst oceanerna i stora reservoarer. Låt alla i världen frukta HERREN, och låt alla bäva för honom. När han talade, världen började! Det verkade på hans kommando".

Psalm 33:1-9

Djup lovpris! Djupt och rakt från hjärtat! Dessa ord kan endast komma från en människa som har erfarenhetsmässig kunskap om Gud. Du kan läsa det på vers (Strofen) 15. Vi kan inte placera alla lovord från denna fantastiska människa här, men låt oss ta denna korta innan vi går vidare:

"Jag vill lova HERREN alltid.

Jag kommer ständigt tala hans lov

Jag kommer odjuret bara i Herren

Psalm 34:1-2

David förstod och utnyttjade kraften av lovpris så väl att han använde det för att fånga guds hjärta. I själva verket är det boken av Ezra 3:10 som fick oss att känna att David inte bara berömde, men även institutionaliserade livsmedelsförordningen av lovpris i Israel. Beröm är mycket kraftfullt och det är en stor uppoffring. Nu lovpris är inte en exklusiv akt av män och kvinnor på jorden, varelser i himlen gör det också som ett offer till den Allsmäktige. I själva verket tror jag att män lärt sig denna hemlighet från de himmelska varelserna - eftersom himmelen kom före jorden. Som Jesus skulle säga, "Det är gjort på jorden såsom i himmelen."

Såsom i himmelen

En av de verksamheter som går på i himmelen dagligen är offret av beröm och som berättar för dig hur viktigt detta är för Gud. Bibeln säger att dag och natt varelser, mycket mäktiga varelser i himlen faller ned och tillbeder Gud. Och jag tror att detta är en del av äran, härligheten, makt över tron. Om det inte finns något behov av detta, tron på gud, skulle han inte ha uppmuntrat det. Så, det måste verkligen vara en "Tankning" som kommer ut av detta. Johannes sade,

"Direkt och jag var i anden, och jag såg en tron i himmelen, och någon satt på den! Den ena sittande på tronen var så briljant som ädelstenar-jaspis och karneol. Och i skenet av en smaragd cirklade hans tron som en regnbåge. Tjugofyra troner omringat honom och tjugofyra äldste satt på dem. De var alla klädda i vitt och hade gyllene kronor på sina huvuden. Och från tronen kom ljusblixtar och mullret av åska. Och framför tronen stod sju lampor med brinnande eld. De är Guds sju andar. Framför tronen var det glänsande havet av glas, glittrande som kristall".

"I centrum och runt tronen var fyra levande varelser, envar täckta med ögon, fram och bak. Den första av dessa levande varelser hade formen av ett lejon, den andra såg ut som en oxe, den tredje hade ett ansikte, och den fjärde hade formen av en örn med vingar som breder ut sig som om under flygning. Varje av dessa levande varelser hade sex vingar, och deras vingar var täckta med ögon, inifrån och ut. Dag efter dag och natt efter natt, de fortsatte att säga.

"Helig, helig, helig är HERREN Gud, den Allsmäktige, som alltid var, som är, och som fortfarande komma". När helst väsendena ärade, hedrade och tackade till den sittande på tronen, den som lever i evigheters evighet, de tjugofyra äldsta falla ned och tillbedja den en som lever i evigheters evighet. Och de lägger deras krona framför tronen och säga. **"Du är värdig, HERRE, vår Gud, att få härlighet och ära och makt. Om du har skapat allt. Och det är för ditt nöje de existerar och har skapats."**

Uppenbarelseboken 4:2-11

Detta är vad som händer i himmelen dag och natt - offra lovets offer. Så när vi prisa Gud här på jorden, är vi helt enkelt ansluta till det som pågår i himmelen. Och eftersom det är nonstop (dag och natt), när du gör den här, är du ansluten direkt. Alla himmelska, inklusive de mycket kraftfulla varelser som de namnlösa levande varelser, keruber, ärkeänglar, de tjugofyra gyllene krönta äldsta buga, Tillbedja och prisa konungarnas konung, dag och natt. Wow! Offra lovets offer! Nu, säg mig varför stor makt inte kommer att släppa tronen? Beröm är offer och uppoffringar som avger makt!

Det finns så många ställen i skriften som frambär lovoffer förde ned råvaror av gudomliga kraften, vilka gav omedelbart seger för Guds folk. Men vi kan bara plocka två eller tre, såvida du inte vill att vi ska börja skriva en hel bok. När du lovprisar Gud, när du ger honom lovoffer, himmelen kommer ner, saker händer; mirakel och frälsning äger rum.

Jonah

Titta på vad som hände när Jonah vägrade att gå på Guds uppdrag, och sprang iväg. Sjömännen kastade honom i havet för att lugna stormen. En stor fisk svalde honom omedelbart. Men Gud vare tack, han kom ihåg sin Gud. Han ångrade sig i magen på havets varelse och bad. Men märker du om hans seger kom omedelbart, nämnde han sitt frambärande av lovoffer. Detta är för att visa dig hur kraftfull lovpris är. Låt oss gå vidare!

"Och Jonah bad till HERREN, sin Gud, från insidan av fisken. Han sade, "jag ropade till HERREN i mitt stora problem, och han svarade mig. Jag kallade på dig från de

dödas värld, och HERREN, du hörde mig! Du kastade mig i oceandjupet, och jag sjönk ner till hjärtat av havet. Jag blev begraven nedanför dina vilda och stormiga vågor. Då sade jag: "HERRE, du har kört mig från din närvaro. Hur ska jag någonsin se ditt heliga tempel igen? "Jag sjönk under vattenytan, och döden var mycket nära. Vattnet stängdes omkring mig, och sjögräs lindade sig runt mitt huvud. Jag sjönk ner till rötterna i bergen. Jag var låst ut ur liv och fängslades i landet av de döda. Men du, HERRE, min Gud, har ryckt bort mig från de gapande käftarna av död!

"När jag hade förlorat allt hopp, jag vände mina tankar ännu en gång till Herren. Och jag hoppades innerligt att bönen gick ut till dig i ditt heliga tempel. De som dyrkar avgudar flykten till Guds barmhärtighet. <u>Men jag vill offra slaktoffer åt dig med böner av beröm, och jag kommer att uppfylla alla mina löften.</u> För min frälsning kommer från HERREN allena. Och Herren beställde fisken att spotta ut Jonah på stranden, och det gjorde den."

Jona 2:1-10

Wow! Effekten av lovpris! Efter bön, när Jonah började frambära lovpris, bjöd Herren omedelbart in fisken att spotta ut honom! Varje fisk som har slukat dig eller förtärt din godhet kommer att spotta ut dem i dag i Jesu namn! Jonahs sade att han sjönk, han förlorade hoppet, han hölls av döden, och han begravdes i de stormiga vågorna. Några av dessa som representerar de situationer i sitt liv skall släppa dig, spotta ut dig idag i väldiga i Jesu namn!

Det finns kraft i lovsång. Det finns kraft i offret. Eller varför väntar fisken tills han nämnde offret lovpris och löfte innan den spottade ut honom? Det finns något gudomligt om lov och löfte. Du kan också komma ihåg att Hannahs många år av skam och ofruktsamhet bröts omedelbart då hon lagt ett löfte till hennes bön. Nu, här, se Jonah med dessa två mycket kraftfulla instrument på en gång - lovpris och löfte. Börja idag erbjuda Gud obegränsad, extravagant, dag och natt, beröm och du kommer att se vad som kommer att hända med dig. Lovsång och tillbedjan är "farlig" uppoffring som kan dra en man i döden.

Jehosafat

Du vet redan att jag inte kan diskutera lovord utan denna stora man som kallades Jehosafat. Han är en av mina hjältar och mentorer i bibeln. Jag älskar honom så mycket och jag lärde mig så mycket från honom. Han var en av de största bland Israels konungar. Han var ödmjuk, tålmodig, from, modig och andliga. Han älskar att känna trygghet i Gud i varje situation. Han litade på Gud så mycket. Nu är han en man med lovord. Han visste om potentialen av lovord att dra ner hela maskineriet i himmelen. Se när tre nationer kom att slåss med Juda, konung Jehosafat började sin bön till Gud med lovord, han gick till strid med lovord och kom tillbaka segerrikt. Gud slogs för att kämpa mot sig själv. När du ger gud offer av lovord, överraskar han dig och kämpar för dig. Sant. Mitt i denna stora fara, titta på vad mannen gjorde:

"Jehosafat stod inför folket i Juda och Jerusalem, i den nya gården på Herrens tempel. Han bad, "HERRE Gud av våra förfäder, <u>du allena är Gud, som är i himmelen. Du råder över alla riken på jorden. Du är kraftfull och stark; ingen kan stå emot dig!"</u>

2 Krönikeboken 20:5-6

Även om det fanns en överhängande risk, måste Gud först ha lovord. Jehosafat visste av vem han fick befogenheter. Han visste att en människa av lovord aldrig kan besegras. En man av lovord kan inte utgå - varje dag, vid varje situation förnyas han, eftersom han är i ständig närvaro med Gud. Ja, lovord tar dig in i Guds närvaro och konstant lovord håller dig permanent där. Det gör dig väl kopplad till hans närvaro där andra människor gör samma saker - böjer sig ned och tillbeder honom. Du vet redan vad som hände så Jehosafat lovordas, bad, Gud kom ner och talade. Och när han talar om något är det den sista. Han berättade för konungen Jehosafat och folket av Juda att inte vara rädd för att han den Allsmäktige hade tagit över striden.

Jehosafat trodde på Gud och gick till slagfältet för att hylla honom. Har du någonsin sett var kören gick vidare, ledd av en hel bataljon soldater i strid sjungande sånger? Vid närvaro av HERREN är med dig, när han kommer ner, kommer du se och göra galna saker. Må anden av lovord komma över dig när du läser dessa ord i Jesu namn! Från och med idag kan du dagligen åka ut och möta utmaningarna i livet med beröm och få alla dina fiender och alla dina utmaningar spridda och dämpade i Jesus mäktiga namn! Amen! Snälla, det är bra för oss att läsa den här berättelsen från bibeln:

"Tidigt nästa morgon drog armén av Juda ut i Tekoaöknen. På vägen stannade Jehosafat och sade: "Lyssna på mig, allt folk i Juda och Jerusalem! Tro på Herren, din Gud, och du kommer att kunna stå fast. Tror på hans profeter och du kommer att lyckas. Efter samråd med folkets ledare, utsåg kungen sångare att gå främst i armén, sjungande till HERREN och berömma honom för hans heliga prakt. Detta är vad de sjöng! "Tacken HERREN, hans trogna kärlek består för alltid"!

"<u>Då de började sjunga och lova HERREN orsakade arméer av Ammons barn och Moab och folket ifrån Seirs bergsbygd börja slåss sinsemellan.</u> Arméerna i Moab och Ammons barn vände sig mot sina allierade i Seirs bergsbygd och dödade varenda en av dem. Efter att de hade avslutat den armé av Seir, vände de sig mot varandra".

"Så när armén av Juda anlände till utsiktsplatsen i öknen, var det döda kropp på marken så långt de kunde se. Inte en

enda av fienden hade undkommit. Konung Jehosafat och hans män gick ut för att plundra. De hittade stora mängder utrustning, kläder och andra värdesaker - mer än de kunde bära. Det var så mycket skatter att det tog dem tre dagar att samla allt! Men på fjärde dagen församlade de sig i välsignelsens dal, som fick sitt namn den dagen eftersom folket prisade och tackade Herren där. Den kallas fortfarande välsignelsens dal än idag. Sedan vände de tillbaka till Jerusalem, med Jehosafat leder dem, fulla av glädje att Herren hade givit dem seger över sina fiender"

2 Krönikeboken 20:20-27

All förändring som börjar med lovord kommer alltid med lovord. Ja. Jehosafat trotsade all rädsla och oro, och gick inför Gud för att tacka honom. Han gick till slagfältet för att möta utmaningarna med låtar av lovord som ledande krafter. Och vad blev resultatet? Herren strider tog över och slaktade sina fiender, inte en enda blev kvar. Lovorda Gud!

Det finns krafter av lovord. Det finnas krafter av offer lovord. Gå i strid, möt denna utmaning, starta projektet, börja dagen med lovord och se hur det kommer att sluta. Om det börjar med lovord, kommer det säkert sluta med lovord. Och inte bara lovord, men ett överljudsutbrott av äkta tillbedjan och tacksamhet. Lev på detta sätt och du kommer alltid att segra. Personligen har jag bott här i årtionden nu och resultatet har varit konstant - segrar, skydd och överväldigande gudomlig närvaro och insmörjning. **En lovsångs liv är ett upphöjt liv!**

Jehosafat och Juda återvände till Jerusalem fulla av lovord, dyrkan, glädje och välsignelser. Alla som vandrar med Gud i bibeln var en man/kvinna av lovord - människor med djup uppskattning. När du känner Gud, ska du uppskatta honom. Och när du uppskattar honom, kommer du inte att ha något annat val än att alltid brista in i hans lovord. Oavsett hur hemsk situation, Jesus var den store mästaren som alltid kom att börja med att tacka Fadern. Inte undra på att han var mycket, mycket framgångsrik. Han misslyckandes aldrig i sina böner. Hans ämbete och uppdrag var framgångsrika. Lovord höll honom permanent ansluten till himmelen. Genom att följa denna princip kommer du också att lyckas.

Det är min hemlighet. Jag älskar att uppskatta Gud. Jag älskar att hylla honom och jag har mina anledningar till det. När jag ser på mitt liv, min bakgrund, mina erfarenheter i livet, hans nåd, hans bestämmelser och skydd, så lovordar jag honom. När jag minns från där han plockade mig, hur han tog upp och etablerade mig från ingenting, jag lovordar honom. När jag ser på hans godhet för mig, för mitt uppdrag, till min familj och vad han är med oss att göra i dag, jag lovordar honom. **Vem skulle ha trott??** De placerade en begränsning för oss, de har sagt att vi inte kommer att gå långt, sade vår avslutades fallet, de skrev ut oss, de begabbade oss, de svek oss, de grävde gropar för oss, gillra fällor för oss och de förbannade oss, sade att de inte vara produktiva, de sade inte att ha barn, de har sagt att vi inte kommer att gå till skolan, **men JESUS åsidosattes** alla dessa för att etablera oss. Jag tackar honom. Jag vill tacka honom för alltid! Gabriel Agbo och hans husfolk skall prisa och tjäna Israels Gud för evigt!

Jag minns att Gud alltid skulle berätta för mig att han räddade mig från alla dessa omöjliga situationer bara för ministeriet och för hans namn att bli förhärligat. Nu, snälla, tala om för mig varför jag inte lovorda honom? Ibland, från sömn brister jag ut i lovsång. Jag kommer att sjunga i anden att vakna. Säker, denna tacksamhet kommer från min ande. Jag minns att det tog ett kraftfullt änglaliknande besök mig för att kunna få barn. En natt ett änglaliknande besökte mig i mitt rum och slet av en "kedja" placerad på min midja. Han berättade för mig att de förbannade mig vara ofruktsam. Det var ett fysiskt besök. Det var 2005. Och efter det gudomliga, var jag i en djup smärta och kunde inte gå ordentligt i flera dagar. Nu, tala om för mig varför jag inte lovordar Gud varje gång jag ser på mina vackra, mycket intelligenta och smorda ungar? Berätta för mig? Det kommer definitivt att komma naturligt. Och jag har haft andra sådana kraftfulla besök, Uppenbarelser och seger. Tack Jesus!!!

Personligen har jag sett Guds hand, genom att offra lovordets offer. Jag minns flera tillfällen jag kände hur människor rörde mig överallt medan Gud lovordades. Föreställ dig att du är i en lägenhet ensam mitt i natten och plötsligt, efter att ha sjungit och lovordat i timmar, börjar du känna att beröring genomsyrar överallt på huvudet och knackar på dina skuldror och rygg. Inledningsvis, gjorde det mig obekväm, men när jag kom till att förstå att dessa var änglalika besök, jag blev lite mer bekväm. Men det kommer alltid att vara konstigt. Som en dag på kyrkans altare i Port Harcourt, runt 11:00, skulle vi börja vår dagliga midnatts uppoffringar av lovord och bön, jag var liggande på altaret när jag plötsligt såg ett stort antal bevingade varelser i bländande vitt. Wow! Jag var helt vaken. Efter att betrakta dem som flög runt en stund, rörde mig, kunde jag inte hålla mina känslor och jag ropade till mina bönepartners, "kom och se av änglavärdar!" Och de försvann omedelbart. Min Gud! Beröm kan faktiskt få ner himmelriket på jorden. Jag har också sett kedjor trasiga från mitt liv och från andra genom lovord och bön. Det påminner mig om det där perfekta, kraftfulla framburna lovordet som återgivits i fängelset av Paulus och Silas.

Paulus och Silas

Dessa två stora män av Gud var fångade, drivet, skalade , fastkedjade och satt i en mycket mörk underjordiskt fängelse -

fängelsehåla. Och myndigheterna varnade på allvar fängelse vårdaren att inte tillåta dem att fly. Men när Paulus och Silas, trotsade smärta, tortyr, förnedring och dehumaniserande miljö och började berömma och bedja till himmelen att komma ned med jordbävningen för att bryta fängelsets dörrar och kedjorna på deras vrister. Du kan inte binda en man av lovord. Det är så kraftfullt offer av lovord kan vara. Det kan utlösa andliga strömningar som kan orsaka jordbävningar, infernon, åska och stormar. Nu alla kedjor över ditt liv bryts idag! Låt oss läsa berättelsen från skrifterna:

"Kring midnatt, voro Paulus och Silas stadda i <u>bön och sjöng lovsånger till Gud</u>, och de andra fångarna hörde. Plötsligt blev det en stor jordbävning, och fängelset skakades till dess fundament. Alla dörrar flög öppen och kedjor av varje fånge föll av! Den fångvaktaren vaknade se fängelsets dörrar vidöppna. Han utgick från att fångarna hade kommit undan, så han drog sitt svärd för att döda sig själv. Men Paulus ropade till honom, 'Gör inte det! Vi är alla här!

Fungerar 16:25 - 28

Sjungande lovord att bryta även de svåraste kedjor av fienden. Paulus och Silas vägrade vara kuvas av situationen och miljön de befann sig i, men prisade deras sätt ur situationen. Lovord är kraftfull och mer "farlig" när det erbjuds i en svår situation eller vid udda timmar - 24.00. Ja, det blir en större uppoffring när den erbjuds på en osannolik situation, tid och miljö. Börja berömma honom idag! Gör det till en livsstil!

Bön och fasta

Bön är kommunikation med Gud. Det är en ofrånkomlig del av vår relation med skaparen och när det görs på rätt sätt kan faktiskt vara en stor uppoffring. Bön är ett slaktoffer och när det läggs till fastande kan det medföra kolossala resultat. Vänligen innan vi går vidare här, observera att det inte alltid handlar om längden på din bön, men syftet med Gud och dispositionen av ditt hjärta. Jag vill säga det här från början, eftersom vissa efter läsning av denna bok kan gå och döda sig själva med lång bön och fasta. Det är inte vad jag predikar här. Och för en väl detaljerad undervisning i detta ämne - lovsång, bön och fasta, kontakta min bok *makt 24.00 Bön* omedelbart. Det är explosivt och mer detaljerad och nu finns den på spanska, portugisiska, franska, Afrikkans, italienska, svenska, engelska, Etc. du kan hitta den i din lokala bokhandlare, på amazon.com, andra stora online-bok återförsäljare eller beställ direkt från USA (kontakta: Gabrielagbo@yahoo.com Tel: +234-8037113283).

Det finns så mycket att prata om bön och fasta men vi kommer bara försöka nudda vid den här. När du ser på människor som Abraham, Moses, Samuel, Elia, Jesus och andra vad som lätt kommer till dig? Vilka som är de vanligaste funktionerna hittar du bland denna guds allmänlighet? Säkert, tillhörde de högre grader än guds fotsoldater på jorden. Några av dem vände vatten till vin, tog upp döda, multiplicerade saker, som kallas fort saker som inte finns i existensen och de var alla män av uppoffring. De flyttades längre än den vanliga och i deras bön visades livsresultatet upp.

Elia

Elias var en människa som förstått att offra i bön. Han visste att extraordinära saker kan ske endast när du tar extra steg. Ja, du måste gå utöver den naturliga om du vill uppleva det övernaturliga. Han förde ner eld från berget Karmel genom sina extraordinära uppoffringar. Eld svarar endast för sådana böner. När altaret är rätt, syftet och bön riktiga, då kommer elden. Elden kan vara av väckelse, beskyddande eld, dömande eld, eld i hans närvaro och eld i sitt uttryck. Vi behöver mer av hans eld i detta släkte. Vi behöver mer av hans eld i dagens kyrka. Vi behöver mer av hans eld för att besegra fienden. Och vi säkerligen behöver mer av hans eld för att få världen att tro oss och acceptera evangelium.

Sträck ut dig

Elias gick utöver den vanliga bönen för att få resultat när han tog upp Zarephath änkas son. Han tog pojkens kropp till det övre rummet, lade honom på sin säng och bad, men när pojken äntligen vaknar upp flyttade han honom längre för att sträcka sig över honom. Han gjorde det tre gånger innan han ropade till HERREN. Wow! Profetiskt agerande! Offra bön! Han flyttade längre! Lyssna.

"Han <u>lutade sig ut</u> över gossen tre gånger och ropade till HERREN, "HERRE, min Gud, låt denna gosses själ komma tillbaka till honom" HERREN hörde Elias bön och livet av barnet återvände, och han kom tillbaka till livet!"

1 Kings 17:21-22

Du måste sträcka ut dig, om du vill få en perfekt, önskad eller extraordinärt resultat. Efter att pojkens kropp togs till det övre rummet, lades det på hans smorda säng och bad för honom, Elia visste vad han behövde för att gå vidare till nivån av uppoffring för att få pojken att vakna, så då sträckte han <u>ut sig över barnet tre gånger.</u>

Du kan behöva "strecka ut" dig själv för att få mirakel att komma. Att sträcka ut betyder att arbeta till det yttersta av sin makt, förmåga att göra fler ansträngningar. Det betyder också att gå bredare eller längre i din verksamhet. Jag vill tillägga att gå utöver din naturliga förmåga. Och du får inte ens veta omfattningen av din förmåga tills du sträcker dig själv eller översträcker dig själv. Jag visste inte att jag hade så många gudomliga förmågor på mitt liv, tills jag var utsträckt. Jag levde nästan tolv år som en pånyttfödd kristen innan dessa förmågor, gåvor och insmörjning började manifestera sig i mitt liv. Varför? Miljön, associationen, valören, ministrarna jag satt under uppmuntrades inte av upptäckten och uttryck för dessa kvaliteter som de slösar bort. Men jag flyttade genast, utsattes till rätt utbildning som gåvorna skenade iväg. Jag började driva ut demoner, läka det sjuka. Jag blev medveten om min personlighet, mitt kall, gåvor och befogenheter. Jag upptäckte mig själv. Början av din framgång är att upptäcka dig själv. Du kan inte regeln utan att upptäcka dig själv. Och du kan inte upptäcka dig själv utan sammanstötning, miljö, kontakter och erfarenheter. Jesus styrde eftersom han var medveten om hans personlighet. Det är också därför de yngre profeterna ofta tjänar de äldre så att de kan lära och göra upptäckter. Du behöver sträckas ut i bön och andra andliga övningar om du verkligen vill styra.

Elisa hade också samma erfarenhet av att sträcka ut. Kommer ihåg när han upphöjde Shunamite kvinnans barn från döden. Det var inte bara vanliga bön som fick det gjort, men en uppoffring. Lika mycket som jag tror att Gud ledde honom, är det också möjligt att han lärt sig från sin herre. Lyssna:

"När Elisa kom var gossen död, liggande på profetens säng. Han gick ensam och stängde dörren bakom honom och bad till HERREN. Sedan lade han sig på barnets kropp, placera sin mun på hans mun, sina ögon på barnets ögon och

händerna på barnets hand. Och barnets kropp började växa varmt igen! <u>**Elisa stod upp och vandrade fram och tillbaka i rummet ett par gånger. Sedan lutade han sig ut igen på barnet. Den här gången nös pojken sju gånger och öppnade sina ögon!"**</u>

2 Kings 4:32-35

Min Gud! Visste du att? Han hade gjort det första profetiska agerandet och bön och resultatet var inte tillfredsställande. Sedan flyttade han längre till en annan nivå - klev upp och ner i rummet (definitivt) för att få mer riktning i anden, och sedan <u>lutade han sig ut igen, och resultatet kom genast!. Från växande varm nös pojken och nysande öppnade han sina ögon! Lovorda Gud! Detta är kraften av offret.</u>

Nu tillbaka till Elias, efter att han förde ner Guds eld på berget Karmel och meddelade att de kommande skyfall och regn inte anländer förrän han utfört offrandet av bön. Läs:

"Då sade Elia till Ahab, "Gå och njut av en god måltid! Jag hör en väldig regnstorm!" Och Ahab förberedde ett gästabud. <u>Men Elia klättrade upp till toppen av berget Karmel och föll till marken och bad.</u> Därefter sade han till sin tjänare "Gå och titta ut mot havet. Tjänaren gick och tittade, men han återvände till Elia och sade, "Jag har inte sett någonting". Sju gånger Elia sade till honom att gå och titta, och sju gånger gick han. Slutligen, sjunde gången, kom hans tjänare och sade till honom: 'Jag såg lite moln som storleken av en hand stiga från havet". Och Elia sade: "Skynda dig till Ahab och tipsa honom att klättra in i din vagn och åka hem om du inte har bråttom, regnet kommer att stoppa dig!" Och tillräckligt säker, himlen blev snart vara svart av moln.. En kraftig vind förde en enorm regnstorm."

1 Kings 18:41-45

Det finns den! Det här är ett perfekt exempel på när bön blir en uppoffring och när det ger önskat resultat. Det första offret för rensning av altaret och återhämtningen har kommit, men människorna var fortfarande - det fanns inget regn och hunger härskade i landet. Nu gudsmannen hade aviserat kommande regn, men som också inte kommer att ske förrän en uppoffring av bön. Och en tuff för den saken. Att du inte ser resultat efter din inledande bön betyder inte att du inte kommer från Gud. Nej, det skulle bara vara att du behöver be hårdare och längre, breder ut sig själv.

Efter Elia aviserat kommande regn, rusade han fram till toppen av berget Karmel till födelse. Erfaren man! Han visste att mirakel, tecken och under, regn är fött på knäna och på toppen av berget. Sant. De som regerar, som dominerar, som predikar och det är männen i bön. Gud kommer inte att göra mycket med dig, om du inte vet och utövar denna hemlighet. Ett liv i bön. Bön i timmar varje dag. Bedja genom större delen av natten så blir du automatiskt övernaturlig. Det är så enkelt. Du kommer att bestämma saker och de kommer att passera. Gör det, och du ska alltid veta att sinnet av Guds frågor. Gud kommer att börja dela upp hemligheterna av himmelen och vad han vill göra med dig. Ibland kan Gud visa mig saker som är mycket djupt i himmelen eller saker som händer på jorden. Andra gånger vill han besöka mig på ett mycket spektakulärt sätt att jag kommer att bli rädd om jag fortfarande var en människa. Detta är fördelarna med livet i bön.

Vi är inte gudomliga eller övernaturliga som vi borde vara på grund av jakt på materiella saker och inte tillräckligt bedjande. Gud kan inte gå med dig på denna nivå när du är alltför materialistisk, självisk och världslig. Ahab for att förbereda en högtid, men Elias gick till berget för att bedja. Hur ser ni på det? Stoppa festande och börja bedja i kyrka. Fest är för köttet medan bön är för anden. Och anden reglerar köttet. Elias hade kontroll. Profeten styr konungen. Sant.

Nu, när han började sin bön, fanns det inget regn, inte ens ett tecken på det. Han sände sin tjänare sex gånger för att gå tillbaka och kontrollera men det fanns inga tecken i skyn och inget tal om regn. Men den här killen hörde mycket väl i den anda som ett skyfall var på väg och han hade meddelats. Det var Gud som bedömde honom att återvända till Israel, möta konung Ahab och berätta för honom att Gud för tillbaka regn snart. Men gudsmannen har gjort allt och ändå fanns det inget tryckfall, inte ens ett tecken på det.

Du måste vara modig, mycket modig när det handlar om Gud. Du kanske inte ser några tecken, men regnet kommer enligt hans ord och hans inställning. Säkert! Gud arbetar inte alltid med tecken, men hans ord. Elia förstod gud mycket väl. Han hade umgåtts med den Allsmäktige tillräckligt länge för att förstå hans sätt och hans gärningar. Han höll sin bön, vägrade att komma upp förrän han såg resultaten. Bedja tills något händer (S.U.S.H). Och på sjunde gången, regn kom. Sju är det nummer för avslut, perfektion. Varje dröm, förutseende har en sjunde dag - en dag då försäkringsfallet inträffar.

Efter fullständig offer kom regnstorm! Lovprisa Gud! Och jag ser ett skyfall över er i Jesu namn! Varje "torka" i ditt liv, varje torka i din familj, dina relationer, i ditt företag kommer att tas bort från detta regn. Regn skall falla! Regnet kommer att utsläcka den torka, törst, svält och värme. Offer bön!

Samuel visste också om denna typ av offer bön som medför regnstorm. Han föddes i den och när han kom ut fortsatte han också i den. Du kommer ihåg hans föräldrar Elkana och Hanna och de andra hustrurna skulle resa till Silo för att tillbedja och offra åt Herren, den Allsmäktige varje år. Den andra hustru

Peninna hade barn, men Hanna var ofruktsam. Och det fortsatte så här under en lång tid. En natt i Silo, beslutade Hannah att avsluta den gamla berättelsen om torftighet. Hon gick till tabernaklet för att utkämpa strid. Där gjorde hon ett löfte åt HERREN, gudsmannen profeterade om henne, förbannelsen bröts och hon hade Samuel. Nu Samuel hade vuxit och gjorde bra saker för kungariket. En dag, på hans farväl ceremoni, sade Samuel till folket:

"Nu stå här och se det bra Herren är på väg att göra. <u>Du vet att det inte regnar vid den här tiden på året under veteskörden, jag kommer att be Herren att sända åska och regn idag.</u> ... Och Samuel ropade till HERREN, och HERREN lät det dundra och regna. Och allt folket blev livrädd för HERREN och för Samuel."

1 Samuel 12:16-18

Det var inte dags för regn och mannen med mod skulle berätta för dem att han skulle kalla ner regn från himlen? Och regnet faktiskt kom. I själva verket, med åska! Den här killen måste ha varit en mycket mäktig man av uppoffring. Nu talar vi inte om att föra ned regn under regnperioden vilket även hedningarna försöker göra, men föra ned regn i torrperioden. Samuel med all lätthet, med all säkerhet, med all myndighet bad och himlen öppnade sig, det hällregnade och åskade!

Jag glömde nästan vår stora Moses. Han är en av de största män av uppoffring i skrifterna och bor (bön) i närvaro av gud tillräckligt länge var en av hans hemligheter. Ibland kommande ned från mötet med Gud, detta att var så ljust att människor inte skulle kunna titta på honom. Kraft! Han var alltid framåt bland människor och även fiender i anden, och inte undra på att ingen människa har kunnat kopiera några av hans övernaturliga, Mirakulösa bragder. Han tog upp sin personal och havet delas upp, han slog på klippan och vatten flödade, och hundratals andra kraftfulla tecken och under. Gud vill tala med honom och berget skulle skaka, med tjock rök rytande och folk kommer att höra ljud i den Allsmäktiges röst. Han betalade sina avgifter i bön för att uppnå detta kraftprov. Säkert! Det finns kraft i bön och när det sträcker sig till ett offer blir det något annat - en dynamo. Titta på relationen man hade med Gud.

"Sedan gick Moses upp i bergen, och molnskyn övertäckte det. Och den strålande vilade på Sinai berg, och molnskyn

övertäckte det i sex dagar. På den sjunde dagen kallade HERREN Moses ur skyn. Israeliterna vid foten av berget såg en fantastisk syn. Den fantastiska HERRENS härlighet på bergets topp såg ut som förtärande eld. Och Moses försvann i molnet som **han klättrat högre** upp på berget. **Han stannade kvar på berget i fyrtio dagar och fyrtio nätter".**

Exodus 24:15-18

Wow! En människa? Gud har inte behandlat någon annan människa på detta sätt och det är därför han sade att även bland de profeter som Moses är den högsta. I fyrtio dagar och fyrtio nätter i hans närvaro! Moses var helt förlorad i hans närvaro. De tjocka moln och hans härlighet ihållande Moses, matas med honom och tog hand om honom för dessa fyrtio dagar och fyrtio nätter. Elias var också i den här formen. Han var en gång sammanväxt med andlig mat i fyrtio dagar och fyrtio nätter. Se här:

"Sedan han låg ner och sov under broom trädet. Men när han låg och sov, då rörde en ängel vid honom och sade till honom. "Stå upp och ät!". Han tittade runt och såg några bröd, sådant som bakas på glödande stenar och en glasburk med vatten! Så han åt och drack och lade sig åter ned. Och HERRENS ängel kom och rörde vid honom och sade: "Stå upp och ät lite mer, för det är en lång resa framför dig. Så stod han upp och åt och drack och maten gav honom kraft nog att resa i <u>fyrtio dagar och fyrtio nätter till</u> berget Sinai, Guds berg. Han kom till en grotta, där han tillbringade natten."

1 Kings 19:5-9

Moses, Elia och Jesus är i sin egen gudomliga åtagande och allt om dem visade det. Födelseort eller utseende, deras mirakel, deras förhållande med Gud och även deras lämnande jord voro mirakulöst. Gud begravde Moses själv. Hittills är det ingen som vet exakt var Moses blev begraven. Titta på Elia var han plötsligt iväg med vagnar av eld i himmelen. Jesus, i närvaro av hans lärjungar for upp till molnet. Min Gud! Män av uppoffring!

Det finns ström i offret. Det finns ström i offerbön. Så mycket kraft att det till och med kan trotsa döden. Titta på deras konto, den ena efter den andra.

"Så HERRENS tjänare Moses dog där i Moabs land, såsom HERREN hade sagt. Han begravdes i en dal nära Beth-poer i Moab, <u>men i dag vet ingen exakt plats.</u>"

Deuteronomy 34:5-6

"Eftersom de gick tillsammans och pratade, syntes plötsligt en vagn av eld, ritat av hästar av eld. Det körde mellan dem, separerade dem och Elia fördes <u>till himmelen i en stormvind"</u>

2 Kings 2:11

"Det var inte långt efter detta sade han att han togs upp till himlen medan de tittade på och han försvann i ett moln".

Apostlagärningarna 1:9

Utmärkt! Dessa är av olika lager. Men du kan också locka till samma nivå av nåd på ditt liv, om du kan betala det pris som de gjorde. Jag menar att priset på lydnad, offra, bön och Guds kärlek och hans folk. Men gå inte fastande så länge eller fyrtio dagar och natt utan uttrycklig riktning från HERREN, såvida du inte vill dö. Bibeln gjorde klart att alla dessa ledde och stödjas av Gud genom dessa perioder. Och det var inte bara uppmana att förvärva den andliga makten som ledde dem att fasta, men den gudomliga transportsvårighet. Du vill se det mer tydligt med Jesus.

"Jesus leddes <u>ut i öknen av den helige Ande</u> att frestades av djävulen! I fyrtio dagar och fyrtio nätter åt han ingenting och blev väldigt hungrig."

Matteus 4:1-2

Visste du att? Han var ledd av den helige Ande till att borda på den andliga resa. Gå inte in i det själv och inte gör det av konkurrens som vi ser det idag. Många har försökt skada sig själva och även dog ut av okunnighet. Men att offra bön var en av de saker som hjälpte Jesus att framgångsrikt slutföra sitt uppdrag. Omedelbart, kom han ned från berget, allt slängdes ut. Han började ringa upp sina lärjungar. Det mirakel, tecken och underverk började också. Och han skulle upprätthålla och insmörjning av återgående till bergen för att be varje kväll. Bön är ett stort offer till Gud. När du bedja står du mellan himmel och jord, mellan levande och döda. Och precis som bibeln skulle säga, "mellan altaret och människor". När du bedja saker händer. Apostlarna följde spåren av Jesus. De offrade sina liv, tid, karriär så att evangelium förbrukade. De gav sitt bästa.

Ett levande offer

Nu beväpnad med denna kunskap, förväntas vi leva ett liv i total uppoffring. Ett osjälviskt liv, helt dedikerad till Gud och mänskligheten. Som jag sade, det är bara saker du gör för Gud och för andra som har evigt värde. Allt du gör för dig själv kommer inte locka någon gudomlig belöning. Jesus sade att så lite som ger en kopp kallt vatten till andra har evig belöning. Vi måste börja leva för andra och för Gud, det är precis vad Jesus gjorde. Och apostlarna gjorde detsamma. De tog alla den kända risken att sprida evangeliet. De gav sina liv.

Jag vill också ta det för givet att du redan vet att denna dispens inte behövs för att slakta djur, bränna stearinljus, rökelse, etc., för offer. Nej bibeln sade att dessa lagar har avskaffats och en ny lag där du förväntas leva som ett offer själv träder nu i kraft. Ditt liv, dina handlingar, din helighet, gudstjänst, bön, lovsång och fastande, ditt engagemang och din kärlek och service till andra offras nu. När du gör detta på det sättet Gud vill ha dem kommer de att stiga upp till honom som en uppoffring. Du måste vara ett permanent, mobilt altaret som kontinuerligt avger uppoffringar till den Allsmäktige. Titta på hur dessa skrifter uttryckte det:

"Och så kära bröder och systrar, jag vädjar till er som organ för Gud. Låt dem vara ett <u>levande och heligt offer</u>. Den form han kommer att acceptera när man tänker på vad han har gjort för dig, är det för mycket begärt?"

Romarbrevet 12:1

Visste du att? Du måste vara ett levande och heligt offer. Inte bara kroppen, men dina handlingar. Och även det kan vara en död och hedniskt offer. Ja, vi förväntas vara vid liv för att uppfylla de krav som denna förväntan från Gud. Du förväntas vara aktiv, gör det. När du aktivt svarar enligt förväntan, lever du och när du är okunnig eller olydiga, då är du död. Det är levande och det finns döda offer. Vilken vill du vara? Jag vill vara ett levande offer.

Sedan heliga uppoffringar. Något är heligt när det är rent, fromt, osjälviskt. Vi får inte ha band eller själviska, egennyttigt motiv, förväntningar kopplade till de saker vi gör för andra. Detta är det enda sätt som våra insatser, gåvor, tjänster, hjälp skulle accepteras till den Allsmäktige. Gör det på grund av Gud och eftersom du älskar andra. Gör det eftersom det är ett kommando från Gud. Gud gav oss ett exempel genom att ge oss sin son, även om vi inte förtjänar det. Jag tror att aposteln Paulus har bättre ord för att beskriva hur jag vill säga följande:

"Följ guds exempel i allt du gör, eftersom du är hans älskade barn. Lev ett liv fyllt av kärlek till andra, <u>till exempel av Kristus, som älskade dig och gav sig själv som ett</u>

Han gav sig själv som ett offer och uppsteg till himlen till Gud som en söt parfym! O min Gud! Det är allt jag vill säga här. När du gör det bra, kommer det att behaga den Allsmäktige och han kommer släppa sin makt och nåd. Ja, det var vad som hände med Jesus. Eftersom han har rätt, Gud gav honom ett namn som är över alla namn i himmelen, på jorden och under jorden. Bara nämn hans namn och varje knä böjer. Han får också den eviga kronan och bygger. Han blev kungen av konungar och herrarnas herre. Sannerligen, det finns ström i offret. Ta den risken för att hjälpa andra, att tjäna Gud, att skydda dina anställda och din nation och du kommer att uppleva den nåd som går med offret. Offra garantier gudomligt skydd, bestämmelser, upptäckt, lova, befordra, rikedom och riv belöningar.

Gud välsigne dig!

<u>**Bön**</u>

Jag hoppas att detta meddelande kommer att leda dig att hjälpa andra, mänskligheten och göra bedrifter för Guds rike. Kan han få dig att göra detta från idag i Jesu namn - Amen!

<u>**Mycket viktigt**</u>

Om du ännu inte fått Jesus Kristus som din personliga Herre och Frälsare, varför inte böja ner huvudet omedelbart? Bekänna dina synder och be Gud att förlåta dig. Kom ihåg, du måste inte gå tillbaka till ditt gamla sätt. Du kan skriva till oss för ytterligare rådgivning. Välsignelser till dig!

Har denna bok välsignat dig? Skriva med adress nedan och dela med dig av vittnesmål med oss. Jag väntar på att få höra från dig.

Rev. Gabriel Agbo

Tel: +234-8037113283

E-post: <u>gabrielagbo@yahoo.com</u>

Www.authorsden.com/pastorgabrielnagbo

P O Box 1755, Enugu - Nigeria.

Facebook / Dubbel ära internationella

Twitter: pastorgabagbo

Vi kommer också att uppskatta ditt partnerskap, donationer och stöd för ministeriet. Ert stöd kommer att ta detta lägliga meddelande till alla delar av världen. Ring oss idag.

Skicka dina donationer idag till första Bank i Nigeria. Kontonamn: Gabriel Agbo. Kontonummer: 2026467591 eller 3045148678

Min andra böcker

. Effekt av Midnatts bön

.Bryta miljövärderingar förbannelser: Hävda din frihet

.Dubbel ära

.Ingen passage ingen krona

.Gud av produktivitet

.Ta emot ditt läka

.Förbered för krig

.Homosexualitet: Det ockulta, hälsa och psykiska dimensioner

.Ovanlig framgång

. Bön till Jephosaphat "O Gud, vill du inte stoppa dem."

. Abrahams, Isaks och Jakobs Gud

. Sexleksaker: Gott eller ont?

. Våldta henne inte!

. Och många andra

Dessa böcker finns också på franska, spanska, portugisiska, tyska, Afrikaans, engelska, italienska, svenska, grekiska, Hindi, holländska, arabiska, finska, etc.

www.ingramcontent.com/pod-product-compliance
Lightning Source LLC
Chambersburg PA
CBHW061800250726
48657CB00001B/208